物流服务与管理专业新形态一体化系列教材

国际货代基础

■ 主　编　唐玉藏　王李婧
■ 副主编　陈　春　何　萍
■ 参　编　夏嘉琦

北京理工大学出版社
BEIJING INSTITUTE OF TECHNOLOGY PRESS

图书在版编目（CIP）数据

国际货代基础 / 唐玉藏, 王李婧主编.--北京：
北京理工大学出版社，2022.3
ISBN 978-7-5763-1153-2

Ⅰ.①国… Ⅱ.①唐… ②王… Ⅲ.①国际货运－货
运代理 Ⅳ.①F511.41

中国版本图书馆CIP数据核字（2022）第045024号

出版发行 / 北京理工大学出版社有限责任公司	
社　　址 / 北京市海淀区中关村南大街5号	
邮　　编 / 100081	
电　　话 / （010）68914775（总编室）	
（010）82562903（教材售后服务热线）	
（010）68944723（其他图书服务热线）	
网　　址 / http://www.bitpress.com.cn	
经　　销 / 全国各地新华书店	
印　　刷 / 定州市新印刷有限公司	
开　　本 / 889毫米×1194毫米　1/16	
印　　张 / 11	责任编辑 / 李慧智
字　　数 / 200千字	文案编辑 / 李晴晴
版　　次 / 2022年3月第1版　2022年3月第1次印刷	责任校对 / 刘亚男
定　　价 / 42.00元	责任印制 / 边心超

前言

在"一带一路"倡议的带动下，我国的对外贸易业务日益增长，国际贸易行业发展也越来越快，这对国际物流、国际贸易和国际货代的工作效率提出了越来越高的要求。其中，国际货运代理作为衔接国际物流的桥梁，贯穿国际贸易业务的始终，是对外贸易业务中的重要角色之一，在世界范围内的经济贸易往来环节中有着举足轻重的地位。

"国际货代基础"是物流与商贸专业的核心基础课程，以国际贸易市场和我国进出口贸易业务为背景，围绕国际货运代理业务这一条主线，突出了理论和实践一体化的教学模式。本书共由8个项目组成，主要介绍了国际货运代理认知、国际货运代理公司、国际货运代理从业人员、国际货运代理业务、国际货运代理常用单证、国际货运代理报关报检业务、国际货运代理责任与风险防范及国际货运代理法律法规。

本书编写的主要目的是让学生了解国际贸易的基础知识，并且能够把课堂教学与行业业务需求相结合。因此，本书编者根据当前国际货运代理的基础知识、行业规则和实例解析等知识点要求，设计了适应中等职业学校学生在学习中所需的理论知识和实操项目，来满足各层次学生的学习需求。由于国际货运代理作业的相关资料多为英文，但考虑到学生

PREFACE

的英语水平不同和本课程侧重基础内容的教学，因此并没有过多地放入英文的教学资料，取而代之的是在课前列举了重点术语，把重点专业的中英文词汇放在此环节，让学生对于国际货运代理的基础专业英语也有一定的了解和认识。之后，通过案例导入、图表的展示分析，让学生更加深入浅出、形象直观地学习基础理论知识。最后，通过思维导图的展示帮助学生梳理项目知识点，使学生做好课后巩固，再结合实践任务辅助学生完成知识拓展。通过以上环节的设计，能提升学生国际货运代理业务相关的综合能力，让课堂所学的内容与行业所需的技能素养接轨。

　　本书由浙江交通技师学院唐玉藏、王李婧担任主编，浙江交通技师学院陈春、北京络捷斯特有限公司何萍担任副主编，浙江交通技师学院夏嘉琦担任参编。唐玉藏主要承担提纲规划、任务分工、版式设计、核心章节等主要编写工作。王李婧主要承担本书的审核、优化工作，并且负责了重点章节的编写。陈春、何萍主要负责行业、企业交流、案例整理的编写。最后由夏嘉琦完成统稿，唐玉藏、王李婧完成全书组织编写审核工作。

　　本书结构适宜、内容完整、业务实用、方法翔实、实例充足、样例完整，根据国际贸易的当前行业现状，结合国际货运代理业务员的行业技能和操作要求来设置教学目标，具有较强的实用性。

目 录
CONTENTS

项目 1
国际货运代理认知

【项目要求】

○ 了解国际货运代理的概况。

○ 熟悉国际货运代理的类别。

○ 掌握国际货运代理行业和市场发展趋势。

【术语储备】

◇ 货运代理 Freight Forwarder

◇ 无船承运人 Non-Vessel Operating Common Carrier，NVOCC

◇ 多式联运经营人 Combined Transport Operator

◇ 国际多式联运经营人 Multi-modal Transport Operator，MTO

【案例导入】

失误的发货

上海某货运代理公司接受委托人的委托，将400箱玩具分别装入集装箱运往美国的西雅图和英国的伦敦。但是，由于装箱人疏忽，错将发往美国的货物发送到了英国，以致美国客户急需的货物不能按时收到。美国客户要求以空运形式速将货物运至美国，否则整批货物无法出售，其影响相当严重。

为了减少客户的损失，委托人通知有关代理将货物空运到美国，并将误运到美国的货物运到英国去，因此产生了两票货物的重复运输费，共计3 000美元。另外，该货运代理投保了责任险，且保单附加条款明确规定：本保单承保范围延伸至由于错运货物所产生的重复运输的费用及开支，只要不是被保险人及其雇员的故意或明知造成的，同时该保单规定了650美元的免赔额。

问：货运代理应如何处理？

任务 1 国际货运代理概述及类别

1 国际货运代理概述

"货运代理"一词的出现最早可追溯到 20 世纪的欧洲，英文称之为 Freight Forwarder。虽然在各个不同的国家有着各自不同的名称，如关税行代理人、清关代理人、关税经营人、海运与发运代理人等，但在国际上并没有关于对货运代理的统一、公认的定义。随着货运代理业务的发展，一些权威机构开始对货运代理的内涵进行了定义和解释。

1.1 中介服务阶段

国际货运代理协会联合会（FIATA）认为，"国际货运代理就是根据客户指示，并为客户的利益而揽取货物运输的人，其本身并非承运人。国际货运代理也可依照此条件，从事与运输合同有关的活动，如储货（含寄存）、报关、验收等"。

联合国亚洲及太平洋经济社会理事会（简称亚太经社理事会）认为，"国际货运代理代表其客户取得运输合同，而本人并不起承运人的作用"。

《船务法律辞典》认为，"国际货运代理主要业务就是为他人安排货物运输业务。国际货运代理有权代表他的被代理人就一切所发生的费用取得赔偿，并有权得到偿付他的服务费用"。

美国《船务和货运代理业务辞典》认为，"国际货运代理是指准备航运单证、安排舱位、投保并办理关税手续等工作，以此取得费用的一种商业组织"。

1990 年，我国外经贸部发布的《关于国际货物运输代理行业管理的若干规定》定义"国际货物运输代理是介于货主与承运人之间的中间人，是接受货主或承运人委托，在授权范围内办理国际货物运输业务的企业"。该规定中还提到"国际货物运输代理企业除拥有为代理业务所必需的仓库和小型车队外，一般不经营运输工具，也不经营进出口商品"，货运代理仅仅是联系货主和承运人并根据他们的委托办理国际货运业务的从业者。

在这一阶段中，普遍认为国际货运代理只是作为中间人或中介或代理人提供服务并得到费用，而不作为运输当事人，即承运人。国际货运代理要接受客户的委托，但对客户的定义并不明确。

1.2 独立经营人阶段

美国《布莱克法律辞典》认为，"国际货运代理的业务是为接受货物，以仓储、包装、整车货装运、交货等方式，把不能装满整车的货物集中成整车，由此从低运费中获取利润的货运代理公司或个人，并且只是为他人接收海运商品"。美国出版的《物流管理》一书中定义"货运代理是以营利为目的的行业，他们把来自各种顾客手中的小批量装运整合成大批量装载，然后利用公共承运人（公路或航空的）进行运输；在目的地，货运代理把该大批量装载拆分成原先较小的装运量"。

1995 年，中国外经贸部发布的《中华人民共和国国际货物运输代理业管理规定》提出："国际货运代理业是指接受进出口货物收货人、发货人的委托，以委托人的名义或者以自己的名义，为委托人办理国际货物运输及相关业务并收取服务报酬的行业。"1998 年，《〈中华人民共和国国际货物运输代理业管理规定〉实施细则》中对国际货运代理业务范围的定义扩大为"国际货运代理企业可以作为进出口货物收货人、发货人的代理人，也可作为独立经营人"。

这一阶段认为国际货运代理的主要特点是可以进行拼装、拆装业务，并赚取运费差价，成为独立经营人角色，将客户或顾客定义为货主，我国则更明确指定为货物发货人或收货人。

2　国际货运代理种类

国际货运代理业作为社会产业结构中的第三产业，其性质上是属于服务行业，但究其本质，国际货运代理是运输关系人的代理，即联系发货人、收货人和承运人的运输中间人。根据划分方法不同，国际货运代理企业可以划分为不同的类型。

2.1　按企业经营优势分类

按企业经营优势，国际货运代理企业可分为表 1-1 中的几种类型。

表 1-1　按企业经营优势分类

公司背景	案例公司	公司优势
外贸、工贸	中粮国际仓储运输公司	和货主保有长期良好的业务关系； 能保证稳定的货源； 了解货物特性； 能为货主提供良好的货运代理服务
实际承运人	中国外轮代理总公司	与承运人联系紧密； 运输信息灵通； 能为货主争取最优运价； 在市场上有较强的竞争优势

公司背景	案例公司	公司优势
仓储包装	中储货运代理有限公司	具有较强的仓储优势； 为一体化货运代理服务奠定了仓储基础； 能在仓储费用方面给予货主优惠
港口、航道、机场	上海集装箱码头有限公司	与港、站、机场业务关系密切且经验丰富； 能提供顺畅的物流服务

除表1-1内所述的具有不同经营优势的国际货运代理企业外，还有其他投资主体成立的国际货运代理企业，包括外商投资、外商合资和民营等。这类企业经营规模不同、经营范围不一，但因其灵活性较强，便于提供个性化私人定制的国际货运代理服务，所以在市场上也具有特定的目标客户群。

2.2 按法律地位分类

2.2.1 作为代理人型

代理人型即以委托人的名义为其提供传统的国际货运代理业务，如订舱、保管货物、安排货物运输、报关、报检报验、保险等，并代委托人支付运费、保险费等各项相关的费用，从中收取一定的代理费（按总费用的百分比计收）。这种货运代理企业在散杂货运输中应用居多，只对其本人的过失及其雇员的过失负责，一般对运输公司、分包人的行为疏忽不负责任，除非对第三方负有法律责任。

2.2.2 作为当事人型

当事人型是以国际货运代理企业自身的名义为委托人办理各类货运代理业务，能够提供除传统国际货运代理服务之外的其他服务，如签发提单、提供仓储和运输等物流业务，其经营收入来源主要为运费或仓储费用的差价。在集装箱运输中的拼箱货运输和多式联运业务中，由于货主必须委托这种类型的国际货运代理企业才能顺利完成货物的贸易往来，因此这类货运代理企业主营的范围也多集中于集装箱业务中。这类国际货运代理企业不仅对其本身与雇员的过失要承担责任，而且对整个业务过程中所提供的其他服务产生的过失也要负责。

2.3 按运输方式分类

根据运输方式不同，国际货运代理企业可分为国际水运货运代理、国际陆空货运代理及国际多式联运代理。国际水运货运代理的市场范围最广，但其业务内容最为复杂，包括提供水上货物运输及相关服务，具体可根据水域的不同分为海运代理和河运代理。国际陆空货运代理包括国际公路运输货运代理、国际铁路运输货运代理及国际航空运输货运代理。由于海、陆、空运输中都涉及散杂货和集装箱运输，因此代理人和当事人型国际货运代理都存在。无船承运人主要是就国际海上运输而言的。国际多式联运代理主要是指国际多式联运经营人，能提供两种或两种以上的联合运输作业及相关服务的国际货运代理。作为该类货运代理必备的条件之一是签发运单，因此，此类国际货运代理企业只能是当事人型。

3　国际货运代理业务范围

3.1　代理人型业务范围

代理人型业务范围主要包括出口货物发货人货代和进口货物收货人货代，两者分别为货物的出口和进口办理相关的货运代理业务，具体业务流程如图 1-1 和图 1-2 所示。

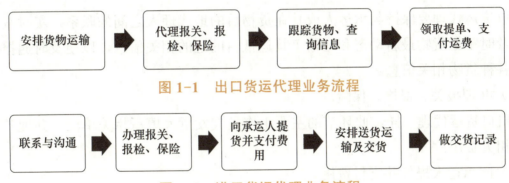

图 1-1　出口货运代理业务流程

图 1-2　进口货运代理业务流程

3.1.1　出口货运代理业务

（1）安排货物运输。

在安排货物运输环节，除根据发货人的货物运输要求，选择运输方式、运输路线和适当的承运人，与客户确认最终运费及其他相关费用，并为客户争取最优运价外，还要做好运输信息的查询工作、运价的确认工作、运输单证的审核与编制工作、订舱工作、包装仓储工作及短途运输工作等。此外，要及时接受、审核发货人提供的各种货物运输资料或单证，提醒发货人准备齐货物进出口地所属国家或地区要求的相关资料和单证。还可代为填写、编制货物运输单据，并向承运人商定舱位或车辆，以便及时安排货物从发货人到发货车站、港或机场的短途运输，最终将货物交付给承运人或其代理人。

（2）代理报关、报检、保险。

代理报关、报检、保险环节的主要工作是代为填写和编制报关、报检报验和保险的各种单据及其他相关单证，办理货物出口时的货物报关、报检报验和保险的手续并支付相关费用。

（3）跟踪货物、查询信息。

该环节的业务内容是要求货运代理企业负责实时跟踪货物动态，及时查询、报告货物信息，从而能更加精准地掌握货物装卸及运输工具离开车站、港口、机场的时间，以便向委托人报告精准的货物出运信息。此外，还可联系承运人或其在货物起运地或目的地的代理人，掌握运输情况，监管运输过程，及时向发货人报告货物运输中的相关信息。

（4）领取提单、支付运费。

该环节的主要工作是向承运人或其代理人领取运单、提单，并及时转交给发货人，或按其指示做好单据的处理工作。此外，还要向承运人或其代理人交付结算各种费用款项。

3.1.2　进口货运代理业务

（1）联系与沟通。

进口货运代理要保持与承运人或其在货物目的地代理人之间的联系，实时查询货运信息，及时掌握货物最新动态和运输工具运抵目的地的相关信息，以便及时通报收货人所需的各种货物相关信息。

（2）办理报关、报检、保险。

同出口货运代理一样，此环节的主要工作是代发货人填写相关单证，办理各类手续并支付相关费用。

（3）向承运人提货并支付费用。

保持与收货人的联系，审核其提供的运输单据，协助准备提货文件以向承运人或其代理人提货，并向承运人或其代理人支付运费、杂费。

（4）安排送货运输及交货。

办理货物的仓储、转运、分拨等事宜，安排货物从卸货地到收货人处的短途运输，并向收货人或其指定的其他收货人交付货物及有关单据。

（5）做交货记录。

记录货物的残损、缺失等情况，收集有关证据协助收货人向有关责任方、保险公司索赔。

3.2　当事人型业务范围

当事人型货代业务除了代理人型的业务范围，还在其基础之上拓展了其他业务内容，主要包括无船承运人及多式联运经营人的业务。

3.2.1　无船承运人业务

无船承运人（Non-Vessel Operating Common Carrier，NVOCC）是指能以承运人身份接收托运人提供的货物，签发自己的提单或单证，收取运费，履行运输义务的经营人，但并不拥有和经营船舶。无船承运人先以承运人身份与货物托运人订立运输合同 A，并签发无船承运人提单，即分提单，再根据托运人要求及货物实际情况，以托运人身份与实际承运人订舱并签订运输合同 B，并接收实际承运人签发的主提单。

货物运抵目的地后，无船承运人安排其分支机构或其代理人，在货物的接收地凭主提单向实际承运人提货，之后实际收货人凭分提单向无船承运人提货。若是集装箱拼箱运输，无船承运人还要负责将拼箱货装箱、拆箱。无船承运人身份责任关系如图 1-3 所示。

图 1-3　无船承运人身份责任关系

《中华人民共和国国际海运条例》对无船承运业务的规定内容为："无船承运业务是指无船承运业务经营者以承运人身份接收托运人的货载，签发自己的提单或者其他运输单证，向托运人收取运费，通过国际船舶运输经营者完成国际海上货物运输，承担承运人责任的国际海上运输经营活动。"

3.2.2　多式联运经营人业务

多式联运经营人（Combined Transport Operator）是指既可拥有运输工具也可不拥有运输工具。当不拥有运输工具时，因为不仅需要通过国际船舶运输经营人完成国际海上运输，还需要陆运或空运或两种以上的运输方式进行联运，所以无船承运人转化为多式联运经营人角色，即契约承运人。而当拥有运输工具并从事某一区段运输时，则既是契约承运人又是该区段的实际承运人。多式联运经营人责任关系如图 1-4 所示。

图 1-4　多式联运经营人责任关系

多式联运经营人的主要业务包括作为承运人与托运人订立多式联运合同，并签发多式联运运单，之后要以总承运人身份组织货物全程运输，制订全程运输计划并组织落实各项活动的实施。此外，还要以托运人身份与各区间实际承运人签订运输合同，并且要对货物全程负责。多式联运经营人要在转运地安排其分支机构，负责同实际承运人接货、发货，并且要及时向收货人放货。

任务2 国际货运代理发展趋势

1 国际货运代理发展现状

1.1 国际货代行业现状

随着世界经济一体化进程的加速，国际货运代理行业在世界范围内迅速发展。在几十年的发展历程中，世界各国已发展出国际货运代理公司5万多家，从业人员更是超过1 000万人，国际货运代理行业已然成为促进国际经济贸易发展、繁荣国际物流运输、满足货物多样化运输服务需求的中坚力量。

目前，国际货运代理人掌控着世界范围内80%左右的空运货物，70%以上的集装箱运输货物和75%左右的杂货运输业务。但是，由于各国的国际货运代理行业发展参差不齐，因此就世界范围而言，国际货运代理行业的发展极不平衡。在发达国家中，整体制度比较完备、业务涉及范围更广、企业规模比较大、网络覆盖较为全面、从业人员素质较高、设立的跨国分支更多，这类国际货运代理企业主要集中于西欧的发达国家、美国、日本、新加坡、韩国等。

但是，对于发展中国家来说，其国际货运代理行业的发展本身就比较缓慢，国际货运代理公司多数规模较小，服务网点较少，人员因缺乏培训而素质参差不齐，再加之制度相比不够完备，跨国分支设立较少，所以目前还是多以本国的货运代理业务为主，在市场中的竞争力较差。目前，国际物流和国际货运代理业务的主导权还是掌握在欧美等资本主义国家的货运代理企业手上。

1.2 中国货代行业现状

20世纪90年代，各外资企业、运输和生产企业纷纷投入国际货运代理行业中，仅2006年前后，在商务部审批备案的就有1万多家有规模的货代企业，另外还有众多中小企业和挂靠在其他国际货运代理企业门下的货代。其中，国有国际货运代理企业占了近60%，外商投资国际货运代理企业占了近25%，其余为民营国际货运代理企业。

而在步入5G时代的当今，信息更迭更快，货运代理之间的竞争也愈演愈烈，传统货代业务服务的差价已经不能为货代企业带来更多的利润。如果只是单纯的倒卖运价，即使是一个没有接触过物流和货运代理的普通人，基本在培训半个月左右也都能上岗就业，所以这样盈利的国际货运代理企业是无法在社会发展的浪潮中立足的。因此，中国货代要想在未来的国际货运代理行业中立足发展，其根本还是要将公司和员工打造得更为专业化，从制度、管理和发展等各方面都进行提升。

2　国际货运代理发展简史

2.1　世界货代发展历程

早在公元 10 世纪，最早的国际海运货运代理就已出现。随着港口及城市的扩张，众多仓库聚集在该区域，使得海上贸易逐渐扩大，并通过欧洲交易会的举办增强了海运货代的影响力。到了 16 世纪，世界范围内具有一定规模的国际货运代理公司应运而生，并且能签发自己的单据。在 18 世纪时，国际货运代理公司开始把运往同一目的地的多个托运人的货物集中后托运，并开始为每批货物办理保险业务，此时国际货运代理行业正在逐步发展成为中间性质的一类独立行业。

进入 20 世纪 20 年代，国际货运代理行业又有了较大的发展，16 个国家级货运代理协会成立了国际货运代理协会联合会。在第二次世界大战以后，国际运输业开通了定期航班空运业务，推动了各国专门从事航空货运代理企业的出现，并开始办理集中托运业务。到了 20 世纪 50 年代，随着公路运输规模的空前发展，公路货运代理开始出现，并进一步推动公路国际货运业务的扩张。20 世纪 60 年代开始，随着国际集装箱运输的规模化，部分国际货运代理开始转型，成为海上货运代理的无船承运人。20 世纪七八十年代，规模化有实力的国际货运代理企业纷纷投入国际多式联运行业，成为国际多式联运经营人。到了 20 世纪 90 年代，大型国际货运代理又摆脱了传统国际货运代理"点到点"的服务模式，拓展了仓储、配送、包装、装卸搬运、信息处理等一体化业务，成为现代全球市场理念下的第三方物流经营人。

2.2　我国货代发展历程

我国国际货运代理总体起步较晚，在中华人民共和国成立之前，我国的国际货运代理行业基本全部被资本主义国家的洋行控制。但中华人民共和国成立以后，我国经济迅猛发展，货运代理行业也迅速地发展起来，并形成一套自有的体系，同时为了满足客户日渐多样化的服务需求而不断地提升自我。

2.2.1　计划专营时期（1949—1978 年）

计划专营时期由国民经济恢复时的专营起步阶段和计划经济时的专营化阶段组成。此时，我国仅有中外运公司从事国际货运代理业务，自然也就成为我国唯一的外贸进出口公司的货运总代理，我国所有进出口货物的货运代理业务都是由该公司统一组织办理。

2.2.2　改革渐进时期（1978—2004 年）

1978—1988 年是计划经济向市场经济的过渡时期，中国远洋运输总公司也开始投入国际货运代理业务，和中外运公司各自经营我国的国际货运代理业务。1988—2004 年，中国政府逐步放开国际货运代理业务，并且在 1992 年后允许外商（包括我国港澳

台地区）以合资、合作的形式在我国经营国际货运代理业务，从而推动了该行业在我国的快速发展。

2.2.3　第三方转型时期（2004 年至今）

2005 年 12 月，中国政府允许外商独资设立货运代理企业，这使国际物流和国际货运代理市场的竞争进一步加剧。为此，各大船公司纷纷通过附加增值服务，如提供一体化的承运、货代服务等，希望以此来提高自身企业的市场核心竞争力。但在某种程度上来说，这极大地动摇了以中间人身份提供服务而赚取佣金或运费差价的传统货运代理企业的利润空间，使该类型国际货运代理企业的发展举步维艰。

危机之下往往就是转机，伴随着现代物流和各种信息化技术的发展与应用，客户对国际物流各环节的服务质量和效率都提出了更高的要求，对于私人定制化的国际货运代理服务的需求也越来越高。相对地，传统的货运代理企业服务也越来越不能满足客户的各种新需求。因此，新型经营与服务模式的转变成为必然，我国各大国际货运代理企业开始走上了向现代物流的转型之路。

3　国际货运代理发展趋势

3.1　专业化、物流化服务

国际货运代理的业务范围非常广阔，而专业化服务就是要求货运代理企业明确主业之余，在市场开发、企业战略、管理规范等方面都采用专业化管理策略，这样才能提升企业综合专业的业务能力。提供专业化服务是对各家货运代理企业的基本要求，也是提升企业核心竞争力的重要途径之一。货运代理企业只有立足专业化经营，提升核心竞争力，才能将其特色服务展现出来，对一定范围内的客户群体实现垄断，进而实现利润凝聚、抢占市场有利竞争地位的目的。

另外，国际货运代理企业还可以拓展无船承运人业务，开展多式联运业务，并在此基础上提供一体化的物流服务，这也是货运代理企业未来的发展方向。国际货运代理行业可以通过射频识别（Radio Frequency Identification，RFID）等技术来加强对货物的动态管理和跟踪，利用先进的物料搬运设备和识别系统等来提高搬运效率，降低货损、货差等，以此提升企业提供的一体化物流服务的质量和专业性。当然，还要通过现代物流经营理念的导入，培养专业化的物流人才，建立有效的奖惩机制，推动企业运作的良性循环。

3.2　规模化、网络化经营

随着国际物流市场的进一步开放，背景雄厚的各大国际货运代理企业大展身手，迫使一部分势单力薄的中小型货运代理企业面临淘汰的风险。因此，此类货运代理企业需要通过规模化经营来实现现有资源的合理配置。货运代理企业尤其是小规模货运代理要想实现货源、资金和管理的规模化，可以整合资源，并形成战略联盟经营。这不仅是推动国际货运代理行业可持续发展的必然之路，也是当前经济全球化下的必然选择。

网络化经营也是保证国际货运代理企业信息畅通的关键因素。货运代理企业通过网点建设、协调管理、信息共享来实现目前的网络化经营，这不仅能保证货运代理企业在全球范围内都能拥有顺畅的信息之路，还能提升企业在国际物流和国际贸易市场的知名度。

3.3　多元化投资

受到政府早期的政策影响，最初的外资公司大多数是以中外合资的形式进入中国市场的，在政府放宽政策后逐渐有一部分企业转型为独资公司。而中外运、中远、中海、中铁、中邮等大型国有企业也抓住了市场经济发展机遇，由传统的国际货运代理企业成功转型为现代国际物流企业，并努力打造国际竞争力和影响力。

同时，中国市场涌现出大批的民营货运代理企业，这类企业的出现在某种程度上加速了国内货运代理行业的转型和新发展，使外资公司、国有企业和民营企业逐渐形成国际货运代理行业的三足鼎立模式。多元化投资在加剧国际货运代理行业竞争的同时，也使其在转型之路上加速前行。

【思维导图】

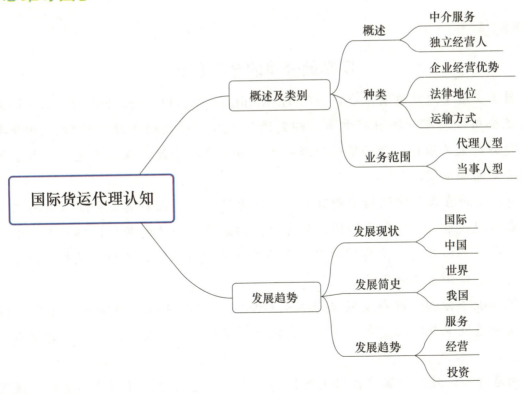

【实践任务】

分别选取一家国内和国外的国际货运代理企业，比较分析其经营异同。

【项目要求】

○ 了解国际货运代理公司资质要求。

○ 熟悉国际货运代理公司行业管理制度。

○ 掌握国际货运代理职能岗位需求。

【术语储备】

◇ 国际货运代理 International Freight Forwarding Agent

◇ 国际标准箱单位 Twenty-feet Equivalent Unit，TEU

◇ 货代提单 House Bill of Lading，HB/L

【案例导入】

罗宾逊公司的全球货运

美国罗宾逊全球货运有限公司（C. H. Robinson Worldwide，Inc.）是北美最大的第三方物流公司，没有一辆自有卡车，却创造了 128 亿美元的年度营收额。1989 年，该公司扩大公司服务项目，开始货运代理业务，成为无船承运经营者承运人，并继续扩大公司经营空间和范围。

目前，公司在各领域运输中都有涉及。在海运上，美国罗宾逊全球货运有限公司旨在打造成为规模最大的无船承运商，为客户提供最具吸引力的舱位价格。无论是大公司还是小公司，都能在所有主要货运路线中为整箱装载（FCL）或拼箱装载（LCL）货物找到合适的进口和出口海运服务。

在航空服务方面，在航空物流专家的帮助下制订全球航空运输计划方案。提供加急、拼箱和递延等多种航空货运服务，提供快递空运服务、具有竞争力的费率以及所期望的舱位。

在陆运方面，及时为客户提供优质信息，定制的运输方案得到准确执行。通过灵活的运输解决方案提高供应链效率，依靠全球网络和本地专家提供无缝且高质量的物流服务。

罗宾逊的成功在于它们真正看清了市场，从客户角度审视服务产品，嫁接其在海运上的成功思维，在美国公路运输的红海中开辟了基于信息化的"轻物流"蓝海，集结优秀的服务资源，给企业提供集成化服务。

问：什么是国际货运代理企业？

任务 1　国际货运代理公司认知

1　国际货运代理公司资质

1.1　道路运输货代资质

根据《中华人民共和国道路运输条例》的规定，凡在我国境内从事营业性道路运输的单位或个人，都必须取得由交通运输部门颁发的"道路运输经营许可证"和每车一份的"道路运输证"。即使从事的是短途道路货物运输的国际货运代理企业，也必须办理相关的审批手续，领取相应的证明才能从事相关货运代理业务。

此外，从事铁路危险货物进出口运输业务的道路运输货运代理人，都必须持有由原铁道部核发的"铁路进出口危险货物运输资质证书"才能经营相应的危险品货物的进出口运输代理。

1.2　无船承运货代资质

根据《中华人民共和国国际海运条例》的相关规定，无船承运货运代理是指相关经营者以承运人身份接受托运人的货载，签发自己的提单或其他运输单证，并向托运人收取运费。之后，通过国际船舶运输经营者完成国际海上货物运输，并要承担承运人责任的国际海上运输货代经营活动。

1.3　民用航空运输货代资质

在民用航空运输中，货运代理主要从事的是运输销售代理业务。此类业务指的是具有资格认可证书的销售代理企业在航空运输委托的销售业务范围内，以自己名义从事的航空旅客运输和货物运输销售代理经营活动。

中国航空运输协会负责认证销售代理资格，在中国航空运输协会授权范围内负责受理本地区销售代理企业的资格认可申请，并且要监督和管理本地区销售代理企业的经营活动。此外，根据《中国民用航空运输销售代理资格认可办法》第十二条的规定，申请从事一类航空运输销售代理业务资格的需提交有关文件、资料，并实缴不少于人民币

150 万元的注册资本。

2　国际货代公司管理制度

因各国的国情和历史背景不同，所以各国对其国际货运代理行业的管理模式也各不相同。但是，各国在管理货运代理企业的目的上主要可以分为以下几种：

（1）控制货代行业中财政收支不稳定且没有成效的，或被认为做法不公正的服务情况。

（2）稳定国际货运代理服务的最低价格。

（3）证明货运代理企业的诚信及其技术专长，避免其胡作非为或提供不合格服务。

除此之外，作为国际组织的国际货运代理协会联合会多年来也积极推荐其制定的国际货运代理标准交易条件，力图使不同法律体系的国家在管理货运代理法律地位、责任、权利及义务上能够统一规范化、标准化和制度化。统一标准交易条件，统一规范操作的国际货运代理业务是该行业今后发展的一种必然趋势，虽然目前受到各国现有法律法规的制约，但该趋势已得到了多数国家的普遍接受和认可。

2.1　外国管理制度

2.1.1　许可证制度

许可证制度是一项申请者资格审查制度，主要针对国际货运代理这一特殊行业实行。通过该制度，能够方便各国相关部门对申请经营国际货运代理的企业进行审查，以便了解其财政状况、诚实性和业务能力，从而确定申请人是否有能力经营货运代理企业，进而控制货运代理企业的经营质量和该行业的整体业务水平。对于不能满足制度规定的最低标准的，将不予颁发执照；对已领到执照但违反规定，发生破坏信誉或破产行为的，将根据保留、吊销其执照的权利，控制其行为或财政信誉。

根据该制度规定，只有获得执照的个人或公司才有资格经营国际货运代理业务，没有的则要按民法规定进行罚款。以美国为例，联邦海事委员会管理国际货运代理行业，若欲从事该行业，则必须先到联邦海事委员会注册登记并缴纳保证金，在取得其颁发的许可证后才能从事国际货运代理业务。

美国许可证制度中在保证金缴纳方面的规定有：从事货运代理业务（代理人型），应缴纳 5 万美元的保证金；从事无船承运业务，应缴纳 7.5 万美元的保证金；外国企业在美国设立货运代理代表处，应缴纳 15 万美元的保证金。

美国许可证制度在取消营业资格上规定，对有以下行为之一的将取消其营业资格：违反海运法或联邦海事委员会有关货运代理的任何条文、规章的；对联邦海事委员会任何合法的命令或者询问不做出任何回应的；为取得或延长许可证而故意向联邦海事委员会制造假象或提供假情况、假报告的；经联邦海事委员会确认，已不够资格提供货运代理服务或不能履行联邦海事委员会的债务责任（如罚款及其他款项）的营业者。

2.1.2　财务责任制度

财务责任制度是为了保证国际货运代理企业在出现业务纠纷需要承担责任时，能具有一定赔偿能力而制定的。相关财务责任要求，如美国《远洋航运改革法案》中的规定：按联邦海事委员会规定的格式和数额提供了经财政部认可的由担保公司出具用以担保其财务责任的担保金、保险证明或其他担保；对于取得的担保金、保险或其他担保的，用以支付本法案做出的赔偿命令或处的罚款，支付货运代理企业在其有关运输活动中引起的其他主体对其的索赔，用以支付货运代理在其有关运输活动中引起的损失；对于通过法院判决追索对货运代理担保金、保险或其他担保的索赔程序，联邦海事委员会应就保护索赔人、货运代理和担保公司的利益制定规则；对于居所不在美国的货运代理，应指定一位居住在美国的居民代理人接受相关文件。

2.2　我国货代公司管理制度

2.2.1　审批制度

1995 年 6 月 6 日经国务院批准，同年 6 月 29 日由外经贸部发布实施了《中华人民共和国国际货物运输代理业管理规定》（以下简称《规定》），但目前我国已取消审批制度，不过其中的注册资本条款仍然被要求严格执行。

《规定》中明确写道，国际货运代理企业注册资本的最低限额为海运 500 万元、空运 300 万元、陆运或快递 200 万元，同时还规定了国际货运代理企业每申请设立一个分支机构，应当增加注册资本 50 万元。如果企业注册资本已超过最低限额，则超过部分可作为设立分支机构的增加资本。

2.2.2　注册备案制度

2004 年 5 月 19 日，国务院出台政策取消了我国货运代理企业的经营资格审批制度。2005 年 2 月，商务部联合国家工商总局下发的《关于国际货物运输代理企业登记和管理有关问题的通知》（以下简称《通知》）及同年 3 月商务部颁布的《国际货运代理企业备案（暂行）办法》（以下简称《备案办法》）明确了我国货运代理企业注册登记备案的条件和程序。

《通知》和《备案办法》中规定：新设立的内资货运代理企业，只要符合《中华人民共和国公司法》规定的设立公司的条件，达到《规定》中经营不同货运代理业务所需要的最低注册资本的要求，就可在当地工商局直接登记注册成立公司。《备案办法》还规定：无论是原来审批的货运代理企业，还是新成立的，都应当按照属地原则到当地商务部门重新备案，以加强对企业和整个行业的后续管理。

新制度的出台不仅意味着我国向注册备案制度转变，还简化了管理程序，方便了货运代理企业，更重要的是从根本上打破了长期以来束缚中小型货运代理企业经营的障碍，适应了新形势下行业社会的变化需求。但是，目前外商投资的国际货运代理企业的设立仍然需要实行审批制度。

2.3　无船承运人管理制度

2002 年 1 月实施的《中华人民共和国国际海运条例》（以下简称《条例》）中确立了无船承运管理制度，该制度的实施能有效规范国际海运市场秩序。《条例》中明确规定：经营无船承运业务的营业者，应当向国务院交通运输主管部门办理提单登记，并缴纳保证金 80 万元。另外，每设立一个分支机构就要增加 20 万元保证金。保证金主要用于支付无船承运业务经营者清偿因其不履行承运人义务或者履行义务不当所产生的债务及罚款。

任务 2　国际货运代理公司级别划分

按照承运方式或性质的不同，货代公司可以划分成多种方式，其中根据业务范围、规模和人数等多方面综合划分的一级代理和二级代理是目前对货代公司最常用的一种划分方式。二者的主要区别如表 2-1 所示。

表 2-1　一级代理和二级代理的主要区别

级别	规模范围	业务人员	营业对象	主要业务
一级代理	大，有海外代理	人才充足	同行货代	向实际承运人订舱
二级代理	小，集中于本地	人员有限	实际托运人	代办订舱

1　一级代理

凡是能直接向实际承运人（如船公司、航空公司）订舱的代理，都可称为一级代理。按照承运方式的不同，一般可分为海运一级代理、空运一级代理和拼箱一级代理。

1.1　海运一级代理

海运一级代理是指船公司的一级代理，国际货运代理可直接向船公司订舱，中间没有其他中间商和中间环节。一级代理的客户群主要是以同行（如海运二级代理）为主，即一级货运代理把他们和船公司约定的价格，再加上适当的利润后，转交至其他需要的货代公司，再由这些货代公司卖给实际发货人。所以，一级货运代理一般是以做箱量为主，即帮船公司卖出多少个舱位，一般以普通标准箱 20 m（GP）计量。

通常情况下，一级代理会和船公司达成一年内箱量交易额的有关协议，船公司在约定的价格基础上，返还部分佣金（即达到预期箱量后，每个集装箱返还一定的金额）作为奖励。一级代理的利润主要来源于返还的佣金和部分利润差价。

此外，一级代理都会和固定的海外代理合作，以便共同完成跨境的全程运输业务。在国内，各个与实际托运人打交道的货运代理可以指定由合作的一级代理进行货物的承运，而在国外，一级代理也可以委托合作的国外代理进行货物的承运，从而实现合作共赢的模式。

1.2　空运一级代理

空运一级代理是指能在航空公司直接办理订舱业务的相关代理。类似于海运一级代理，空运一级代理会通过各种方式和航空公司达成约定，空运一级代理的可盈利业务内容主要可以分为以下几种：

（1）约定一个包砧板（类似于托盘）的价格，将自己的货物在规定的重量和数量内尽可能都捆绑在一个砧板上面。

（2）直接为航空公司按约定价格卖舱位。

（3）租用航空公司的固定舱位后，加上适当的利润再卖给下一级代理或直接客户。

空运一级代理一般具有足够的抗风险能力，特别是对于包砧板的代理。业务时间会分为淡季和旺季，但是航空公司收取的费用是始终不变的，所以首先要保证自己包的这块砧板能够满负荷运营，要保证自己的收货量充足。单靠自己去联系客户发货显然是不够的，而且操作起来很费力，所以空运一级代理大多是去开发专门做空运的二级货代，让二级货代去找工厂、货源，从而保证自身在淡季能有足够的货源。

1.3　拼箱一级代理

由于目前的世界经济总体还是处于疲惫期，因此现有的客户以中小型企业为主，因而并不是每家客户的出货量都能凑满一个整箱，有时货量少且货值不高，但空运成本又很高，就会与其他客户一起拼箱运往同一目的港，以此来降低运输成本。但是，客户本身对于运往同一目的港的其他客户并不熟悉，无法自行拼箱，所以这一任务就落到了货代公司身上，进而就诞生了拼箱代理。拼箱一级代理的业务要求主要有以下几个。

1.3.1　战略合作的海外代理

由于一个集装箱只能由一个收货人签收，但拼箱对应的是多个收货人，因此为了处理好拆箱分拨业务，拼箱代理公司需要在海外有固定的海外代理作为收货人，这也是拼箱业务必备的首要条件。拼箱代理公司的海外代理在目的港进行拆箱、分拨货物，然后

逐一通知对应的实际收货人。拼箱一级代理会给拼箱客户开具货代提单（House Bill of Lading，HB/L）来作为拼箱提单，然后根据这些提单的拥有者，拼箱一级代理来确定最终提单上指定货物的归属权。

1.3.2 覆盖全面的网络架构

每一家拼箱一级代理公司都会有固定主营的一条或几条航线、各类辅助航线，在各大港口也都设立了自己的海外代理，从而形成一个覆盖全面的代理网络体系。因为客户的需求多样性，所以即使是同一个国家，对于目的港的要求可能也各不相同，所以各拼箱代理公司会结合自己的代理范围以及优势，通过相互交换一些货物以弥补代理网络不足的缺点。此外，也有个别拼箱代理公司会专营一个国家或一条航线，从而能凸显其在专一线路上的优势和竞争力。

1.3.3 经验满点的操作人员

由于货物的形状各异，如何高效利用集装箱内有限的空间，这就需要经验丰富的操作人员进行规划。不同的包装、不同的形状，都要整合到同一个集装箱内，而且每次的包装数量和形状都是不一样的，所以这就要求操作人员不仅要有基本的专业知识和足够的空间思维，更重要的是长年累月的现场操作经验。只有具备经验满点的操作人员才能保证装箱空间的最大化利用。拼箱公司如果有这样的人才，不仅能通过拼箱规划来降低运输成本，为客户谋取利益最大化，还能提升公司的专业性知名度，增强拼箱公司的核心竞争力。

2 二级代理

二级代理的客户群就是实际发货人，即把一级代理给的运价加上适当的利润后卖给工厂或外贸公司，偶尔也会做一些特殊航线上的一级代理。二级代理的优势主要有：一是在大部分船公司、航空公司的一级代理处拥有优势航线和价格；二是熟悉航行时间、目的港的装卸能力，能帮助客户找寻最合适的运输方式和承运工具。

二级代理和一级代理并无本质上的区别，很多一级代理也是从二级代理开始，通过慢慢累积起来的经验和客户资源才发展成一级代理的。因为两者面对的本质客户群不同，而且货代所赚取的利润主要还是服务费用，因此客户会根据自身的需求，选择最适合自己的货代，从而实现合作共赢。

任务3　国际货运代理公司职能定位

国际货运代理公司的业务十分繁忙和琐碎，因此，每个职能岗位的存在都有自己的意义。每票货物的顺利结束，都离不开各个职能岗位的共同努力。

1　一线岗位

1.1　司机

在国际货运的整条物流链上，司机是贴近货物的第一环节，也是整条物流链中必不可少的一环。为了节省公司的运营成本，目前大部分国际货代公司会把运输环节外包出去，形成了现在货代行业常提到的"车队"。在往返工厂和港口的运输中，司机是第一个也是最后一个直接接触货物的岗位，从表面上看，司机只要能把货物按要求送到位就行，但其实货代行业对司机的专业素养要求也很高。

在运输过程中，司机直接为客户提供服务，因此，司机在装卸货时的表现特别能凸显该货代公司的服务专业性，这会直接影响到货代公司与客户的后续合作，尤其是对新客户的开发与稳定。所以，在实际岗位中，货代公司需要拥有较强的沟通能力、办事能力和突发情况应变能力的司机，从而提高在行业中的基础竞争力。

1.2　业务员

作为公司的主要利润来源，业务员的工作就是推广公司产品、树立专业形象。在国际货运代理这一行内，90% 以上的老板是从业务员做起的，在积累了足够的经验和客户群，并在行业内有一定的口碑后再自立门户，对于国际货运代理行业也是很常见的事情。现在的国际贸易中，除部分看重公司品牌的客户外，大部分客户还是会选择货代公司合作，不仅因为成本更低，关键还是业务员能够提供专业化、定制化的一对一贴心服务。

作为一名合格的国际货代业务员，要想把产品销售出去，首先要把自己销售给客户，只有当客户信任了业务员，才会相信业务员推荐的产品和服务，即使有其他稍微便宜一点的新货代公司可选，客户也会出于对原有业务员的信任而放弃新的不确定的货代公司。由此可见，货代业务员不仅能为公司带来利润，更能带来充足的货源，是公司内的核心岗位。

1.3　操作员

作为国际货代公司内工作最细致、最烦琐的岗位，操作员的主要工作是将客户的资料整理核对准确，保证货物顺利、及时地出运，为货物的顺利发出打好基础。操作员的具体工作如表 2-2 所示。

表 2-2　操作员的具体工作

工作环节	工作内容
订舱	根据客户需求，向实际承运人订取货物出运舱位； 取得配舱回单

工作环节	工作内容
核对报关资料	检查、核对报关资料，查看发票箱单数字是否和报关单一致； 帮忙填写报关单； 有问题资料及时与客户联系并更改
安排	货物进仓后，核对测量数据和客户提供的数据，确保报关无误； 根据车队情况，和工厂协调好装货时间，确保不延误
核对提单	核对客户委托书及报关资料； 发回客户核对修改，返回后重新制作提单，并再次核对，直至无修改

从表2-2中可见，操作员的工作十分烦琐，且贯穿货物进出口作业的整个环节，这也要求操作员有足够的耐心和细心，事无巨细地做好每个细节，从而保证公司其他环节运行畅通。

2 承接岗位

2.1 客服人员

在初具规模的货代公司内，基本会单独设置客服这一岗位，但是对于大部分中小型货代公司来说，由于成本和企业架构问题，这一岗位基本是由操作员兼任的，但这并不意味着客服一职是可有可无的，相反，这是一个极需技巧的工作岗位，能辅助货代业务员做好客户维护和挖掘客户潜力价值的相关工作。

不同客户有不同的习惯和要求，客服能在每次单证操作前将这些需求反馈给操作员，从而避免操作员和客户之间反复多次的无效沟通，能给客户留下服务专业的良好印象。在货代公司内，客服人员的工作如果能做到全面到位，就能大大提升客户对公司的满意度，巩固客户与货代公司之间的关系。

2.2 跑单司机

跑单司机的工作主要是取送单证，因为其大部分时间是在客户那里取单送单，因此也会直面客户，对于公司形象的维护也有一定影响。虽然这一环节可以由快递公司代劳，但是该环节对于货代公司顺利展开和完成任务同样有着举足轻重的意义，因此有实力的货代公司还是会单独设置这一岗位。

跑单司机的工作主要由两个环节组成：一个是公司客户，另一个是公司报关行。优秀的跑单司机不仅能及时取送单证，还能通过日常工作中熟悉的工厂人员、客户，甚至客户公司的前台或者门卫，及时反馈客户的相关信息，以便公司更好地开发满足客户需求的服务。另外，跑单司机取送的报关资料要及时反馈给操作员，以便其第一时间处理后续流程。因此该岗位是起到承上启下的一个重要岗位。

2.3 报关员

作为联系国际货代公司与海关之间的纽带，报关员必须确保客户资料的准确、清晰，保证填制的单据无误。如果因为工作的疏忽，而导致客户货物的报关出现问题，甚至无法正常报关，报关员需要承担连带责任。

3 保障岗位

3.1 海外业务员

海外业务员这一岗位平时涉及的并不多，大部分公司也会忽略这一岗位设置。但是，作为海外协调和开发的一个重要岗位，海外业务员一职的设立也是十分重要的，它对公司国际货代业务的拓展有着重要的保障作用。

海外协调类似于翻译，主要负责处理国际邮件或电话沟通，交换国内外的物流信息；海外开发类似于外贸业务员，以销售物流服务为主。因此，海外业务员一职不仅能扩大公司海外业务，还能帮助公司提升核心竞争力，及时和国际上的货代行业接轨。

3.2 管理层

管理层是保证国际货代公司正常运营的主控。无论公司哪一环节出现问题，都需要管理层的人员及时协商、解决。此外，管理层还需要引导公司树立积极向上且有特色的企业文化，让公司拥有足够的凝聚力，让每名员工都能有企业归属感，从而更好地推动企业建设。

当然，并不是每家国际货代公司都能把以上岗位设置齐全，即使都设置了，也并不一定能充分发挥各自的作用，如果能做到、做好，基本上也能算得上大公司了。国际货运代理公司对于各类岗位的人才需求一直都十分紧缺，这就要求公司在做好业务的同时，也要加强对员工的培养，为公司的可持续发展打好基础。

【思维导图】

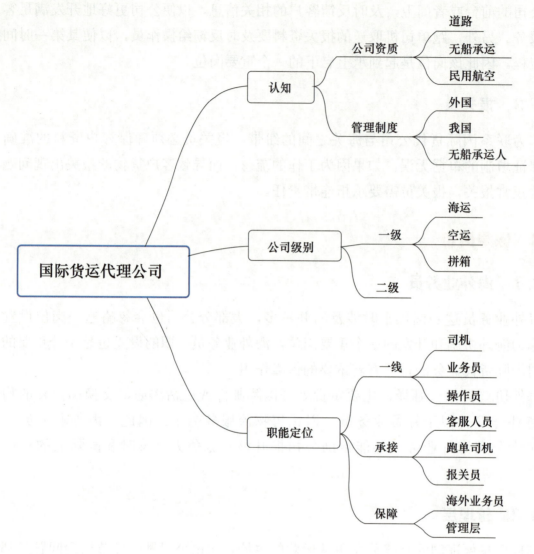

国际货运代理公司
- 认知
  - 公司资质
    - 道路
    - 无船承运
    - 民用航空
  - 管理制度
    - 外国
    - 我国
    - 无船承运人
- 公司级别
  - 一级
    - 海运
    - 空运
    - 拼箱
  - 二级
- 职能定位
  - 一线
    - 司机
    - 业务员
    - 操作员
  - 承接
    - 客服人员
    - 跑单司机
    - 报关员
  - 保障
    - 海外业务员
    - 管理层

【实践任务】

　　选取一家货运代理公司，调查其公司现状及岗位设置特点，并总结归纳有利于该公司优化提升的建议。

项目 3
国际货运代理从业人员

【项目要求】

○ 了解国际货代从业人员基本素养要求。

○ 熟悉国际货代从业人员所需的知识储备。

○ 掌握货代从业的各种技巧。

【术语储备】

◇ 国际贸易术语解释通则 Incoterms

◇ 工厂交货 EX Works，EXW

◇ 船上交货 Free on Board，FOB

◇ 成本加运费 Cost and Freight，CFR

◇ 成本、保险加运费 Cost Insurance and Freight，CIF

【案例导入】

作茧自缚的总部

SHSZ 是 SH 公司的分公司，其利用总部平台开发了一个很大的工厂客户，平时操作都是总部在进行，但只能得到操作费用。这让总部领导感到很不平衡，于是就派总部货代业务员去这家工厂进行谈判。客户认为转到总部更省心，于是就把订舱权转移到了总部。这样，导致 SHSZ 公司突然失去了 20% 的利润来源。后来，SHSZ 发现是总部所为，便失去了对总部的信任，之后很多时候只是形式地给总部一些单子操作，并且开始自行寻找独立合作方。

问：总部这样做会带来什么影响？

任务 1　从业人员基本素养

国际货运货代和外贸业务是相辅相成的，因此货代从业人员不仅要具备货代相关知识，还必须掌握部分的外贸知识才能更好地服务于客户。具体所需的基本素养主要有贸易术语、航运相关知识和费用知识等。

1　贸易术语知识储备

根据《国际贸易术语解释通则 2020》（Incoterms 2020）新修订的分类，贸易术语可以分为 E、F、C、D 四大组共计 11 个贸易术语，其中 FOB、CFR 和 CIF 术语是在海运领域中使用范围最为广泛的贸易术语，并且 FAS、FOB、CFR、CIF 只适用于水上运输，其他可适用于多种运输方式，如空运、卡车、铁路、多式联运等。

1.1　贸易术语 E 组

在 E 组贸易术语中，只包含了一个 EXW（EX Works，工厂交货），即在卖方所在地或其他指定地点将货物交给买方处置，即完成交货，卖方不负责办理出口清关手续或将货物装上任何交通工具。这是卖方义务最低的一种贸易术语，但是在使用时也要注意以下事项：

（1）卖方没有义务为买方负责装货，如果卖方装货，实际的风险和费用也是由买方自行承担的。如果卖方装货方便，应改用 FCA 术语更合适，能要求卖方承担装货义务及相关风险和费用。

（2）买方需自行安排出口通关手续，卖方只有在买方要求时才有义务协助办理出口。因此，如果买方无法直接或间接地自行安排办理出口清关手续的，则不建议使用该术语。

（3）若卖方出于缴纳或申报目的，需要出口的相关信息时，则买方有责任在有限程度内提供相关信息。

1.2　贸易术语 F 组

F 组贸易术语主要包括 FCA、FAS 和 FOB 三种，是指卖方需将货物交至买方指定的承运人。本组术语都要求卖方办理货物出口清关手续，但无义务办理进口清关、进口海关手续或支付任何进口税。

1.2.1　FCA（Free Carrier，货交承运人）

FCA 指卖方将货物在指定的地点交给买方指定的承运人，并办理了出口清关手续，即完成交货。由于风险转移是在交货地点，因此应尽可能清楚地写明指定交货地的具体交货点，若有几个具体交货点可供选择，卖方可在指定地点选择最适合的作为其交货点。如果买方没有明确交货点的，卖方可根据运输方式、货物数量或性质将货物交付运输。

1.2.2　FAS（Free Alongside Ship，船边交货）

FAS 仅用于海运或内河水运，是指当卖方在指定的装运港将货物交到买方指定的船舶时，即完成交货。货物灭失或损坏的风险在货物交到船边时发生转移，同时买方承担的也是自那时起的一切费用。由于交货前会有相关作业费用，并且会因各港口管理的差异而有所不同，这部分费用是要卖方承担的，因此，为了避免歧义，应尽量清楚地约定指定装运港内的装货点。但是，当货物装在集装箱里时，卖方通常会在集装箱码头就将货物交付承运人，而非船边，此时选择 FCA 术语更为合适。

1.2.3　FOB（Free on Board，船上交货）

FOB 仅用于海运或内河水运，是指卖方在指定装运港将货物交到买方指定的船上，或取得已交付至船上证明，即视为完成交货。货物灭失或损坏的风险在货物交到船上时转移，同时买方承担自那时起的一切费用。

1.3　贸易术语 C 组

本组术语包括 CFR、CIF、CPT 和 CIP 四种，要求卖方办理出口清关手续，但卖方无义务办理进口清关、进口相关的任何海关手续或支付任何进口税。此外，本组术语还规定，如果卖方按照运输合同在目的港交付点发生了卸货费用，除非事先另有约定，否则卖方无权向买方要求补偿。

1.3.1　CFR（Cost and Freight，成本加运费）

CFR 仅用于海运或内河水运，货物在装运港装上船，即意味着卖方完成交货，卖方需要支付将货物运至指定目的港的相关运费。在货物交到船上时，货物灭失或损坏的风险以及各种事件造成的任何额外费用都由买方承担。在该术语中，风险转移是在装运港，费用转移是在目的港，而合同通常会指定目的港，但不一定会指定装运港（风险转移至买方的地方），因此应尽可能准确地指定装运港和目的港内的确切地点，而且卖方要取得完全符合该选择的运输合同，从而避免出现有歧义的费用支出。

1.3.2　CIF（Cost Insurance and Freight，成本、保险加运费）

CIF 仅用于海运或内河水运，指卖方在装运港把货物装上船，即完成交货。卖方需要支付将货物运至目的港的运费，并且必须办理买方货物在运输途中灭失或损坏风险的海运保险，交货后货物灭失或损坏的风险以及由于各种事件造成的任何额外费用由买方承担。但需要注意的是，卖方仅需投保最低险别，如果货物价值较高，买方想

要得到更多的保险保护，则需与卖方就保险的险别事宜达成明确的协议，或者自行做出额外的保险安排。

1.3.3　CPT（Carriage Paid to，运费付至）

CPT 适用于任何运输方式，指卖方将货物在双方约定的地点交给买方指定的承运人或其他人，卖方支付将货物运至目的地的运费，买方承担交货后的一切风险和其他费用。

1.3.4　CIP（Carriage and Insurance Paid to，运费和保险费付至）

CIP 可适用于任何运输方式，指卖方将货物在双方约定的地点交给买方指定的承运人或其他人，并且，卖方要支付将货物运至目的地的运费并办理货物在运输途中灭失或损坏的保险，买方承担交货后的一切风险和其他费用。

1.4　贸易术语 D 组

该组术语包括 DPU、DAP 和 DDP 三种术语，可适用于任何运输方式。

1.4.1　DPU（Delivered at Place Unloaded，卸货地交货）

卖方在指定目的地或目的港卸货后，将货物交给买方处置，即代表卖方完成交货。卖方需要承担将货物运至指定目的地或目的港的一切风险和费用（除进口费用外）。

1.4.2　DAP（Delivered at Place，目的地交货）

卖方在指定的目的地，将仍处于抵达的运输工具之上，且已做好卸载准备的货物交给买方处置，即完成交货。卖方承担将货物运至指定目的地的一切费用和风险，如果卖方按照运输合同在目的港交付点发生了卸货费用，除非事先另有约定，否则卖方无权向买方要求补偿。

1.4.3　DDP（Delivered Duty Paid，完税后交货）

卖方在指定的目的地办完清关手续，将仍处于抵达的运输工具上尚未卸下，且已做好卸载准备的货物交给买方处置时，即完成交货。卖方承担将货物运至目的地的一切风险和费用，并且有义务完成货物出口和进口清关，办理所有海关手续，支付所有出口和进口的关税。该术语代表卖方责任最大，除非合同中另行规定，否则任何增值税或其他应付的进口税款都由卖方承担。

国际贸易术语的具体责任划分如表 3-1 所示。

表 3-1 国际贸易术语的责任划分

INCOTERMS 2020	EXW 工厂交货	FCA 货交承运人	FAS 船边交货	FOB 船上交货	CFR 成本加运费	CIF 成本、保险加运费	CPT 运费付至	CIP 运费和保险费付至	DPU 卸货地交货	DAP 目的地交货	DDP 完税后交货
英文名称	EX works (Place)	Free Carrier (Place)	Free Along Side Ship (Port)	Free on Board (Port)	Cost and Freight (Port)	Cost Insurance and Freight (Port)	Carriage Paid to (Place)	Carriage and Insurance Paid to (Place)	Delivered at Place Unloaded (Place/Port)	Delivered at Place (Place)	Delivered Duty Paid (Place)
交货/风险转移	卖方所在地	起运地买方承运人控制后	海运码头船边	起运港船板	起运港船板	起运港船板	起运地货站	起运地货站	目的地运输终端	目的地买方指定地点	目的地买方指定地点
仓储与备货	SELLER	SELLER	SELLER	SELLER	SELLER	SELLER	SELLER	SELLER	SELLER	SELLER	SELLER
出口包装	SELLER	SELLER	SELLER	SELLER	SELLER	SELLER	SELLER	SELLER	SELLER	SELLER	SELLER
起运地装货	BUYER	SELLER	SELLER	SELLER	SELLER	SELLER	SELLER	SELLER	SELLER	SELLER	SELLER
起运地内陆运输	BUYER	SELLER	SELLER	SELLER	SELLER	SELLER	SELLER	SELLER	SELLER	SELLER	SELLER
起运港码头费用	BUYER	SELLER	SELLER	SELLER	SELLER	SELLER	SELLER	SELLER	SELLER	SELLER	SELLER
出口报关	BUYER	SELLER	SELLER	SELLER	SELLER	SELLER	SELLER	SELLER	SELLER	SELLER	SELLER
国际物流运费	BUYER	BUYER	BUYER	BUYER	SELLER	SELLER	SELLER	SELLER	SELLER	SELLER	SELLER
货物保险	BUYER	BUYER	BUYER	BUYER	BUYER	SELLER	BUYER	SELLER	SELLER	SELLER	SELLER
目的港码头费用	BUYER	BUYER	BUYER	BUYER	BUYER	BUYER	BUYER	BUYER	SELLER	SELLER	SELLER
进口报关	BUYER	BUYER	BUYER	BUYER	BUYER	BUYER	BUYER	BUYER	BUYER	BUYER	SELLER
目的地关税增值税	BUYER	BUYER	BUYER	BUYER	BUYER	BUYER	BUYER	BUYER	BUYER	BUYER	SELLER
送货至最终目的地	BUYER	BUYER	BUYER	BUYER	BUYER	BUYER	BUYER	BUYER	BUYER	SELLER	SELLER
提单运费条款	COLLECT	COLLECT	COLLECT	COLLECT	PREPAID	PREPAID	PREPAID	PREPAID	PREPAID	PREPAID	PREPAID

【案例分析】

我国某内陆出口公司于 2019 年 2 月向日本出口 20 吨甘草膏，每吨 50 箱，共计 1 000 箱，每吨售价 2 000 美元，FOB 新港，合计 40 000 美元，即期信用证，装运期为 2 月 20 日前，货物必须装集装箱。

该出口公司在天津设有办事处，于 2 月上旬便将货物运到天津，由天津办事处的负责人安排订箱装船。不料，货物在天津存仓后第二天发生火灾，因火势凶猛无法抢救，所有甘草膏全部被烧毁。天津办事处立即通知内地总部公司尽快补发 20 吨，否则会延误装船时间。结果该出口公司货源不足，只能要求日商将信用证的有效期和装运期各延长 15 天。

问：该出口公司应选择何种贸易术语以更好地避免风险？

2　航运相关知识

2.1　航运知识

货物在运输过程中难免会有挤压、堆积的现象，如果是精密仪器或易碎品，需要在托运前与国际货代业务员说明，并且在包装明显处贴上唛头，以提醒搬运人在搬运过程中要尽量保证包装的完好无损。

此外，货物在运输过程中会遇到很多不可抗力的因素，比如海浪太大打湿了集装箱或船舶过于颠簸，从而影响货物的正常销售。因此，在货物出运前要尽量做好货物的运输保险，以免给自己带来不必要的损失。但是由于天气情况或者中转港等状况，很多时候不可避免地会引起货物的延期抵达，因此也要多考虑航运中各种突发情况的应对之策。

在实际承运中，有时会有很多因素影响到货物运输，有些并不是人为可以控制的，因此国际货代从业人员也要增加对于航运相关知识、典型案例的学习，尽可能地考虑周全以降低客户的风险。

2.2　航线知识

在货代业务中，航线港口是国际货代从业人员必须熟知的一项重要内容，也是入门的第一步。看到任何一个港口，货代业务员首先要能想到它属于哪个国家，其次要知道这一港口连接的航线上有哪些船公司的性价比较高，从而迅速地选择出最优航线及配套的船公司和车队信息。

一般航程在 20 天左右或以内的，视为近洋线；在 30 天左右或更多时间的，视为远洋线；另有单独列出的美加线。各类航线差别分析如表 3-2 所示。

表 3-2　各类航线差别分析

航线类别	航线特点
近洋线	近洋线：主要指日本、韩国、中国台湾、中国香港； 东南亚航线、中东航线、印巴航线、红海、澳新航线
远洋线	欧洲航线、地中海航线、黑海航线； 非洲航线：可细分为北非航线、西非航线、南非航线等； 中南美航线：可细分为南美东航线、南美西航线、加勒比航线、墨西哥航线等
美加线	因美国、加拿大与中国的特殊贸易关系，该航线独立出界不按距离区分； 利用目的港货代最多的航线； 绝大多数货物是通过发货港和收货港的货代来完成运输

2.3　航程知识

在区分完航线的同时，应该对各个航线大概的航程有一定的了解，要大概知道到各个港口之间的运输需要多少天。对于目前的各类运输方式来说，不管是海运还是空运，时间都不是绝对确定的，航程会受到天气、中转港等各种因素的影响。有些港口因为是内陆港，所以需要中转后才能抵达，因此至少要知道到达中转港的时间，然后大概推算出抵达目的地所需要的时间，再结合客户的要求来判断能否在规定的时间内到达最终目的地。

3　费用知识

在掌握上述信息后，就能更加清楚地知道需要支付的相关费用。海运费、空运费定期会有运价表更新，因此是能够大概估算出来的，但是在实际操作中，还有很多额外附加的费用，并且各个国家（地区）都各不相同，因此，这就需要国际货代业务员多年的从业经验积累才能更为精准、全面地进行估算。

例如，东南亚航线有紧急燃油附加费（Emergency Bunker Surcharge，EBS）、集装箱不平衡附加费（Container Inbalance Charge，CIC）；欧洲线有海关预申报费用（Entry Summary Declaration，ENS）；美加线有反恐附加费（Amer-ca Manifest System，AMS）。东南亚、中东印巴红海等近洋线多停靠外港（即附近的较好的港口），所以没有额外做箱（不同的单位以不同的装货方式把货物运输到港区）时产生的费用，而欧洲、南美、非洲等远洋线一般靠洋山港，因为路程比较远，所以做箱时会有额外费用产生。这些相关费用都需要国际货代业务员实时掌握，以便在客户需要的时候及时提供相关的信息以供参考，凸显本公司的业务专业性。

任务 2　从业人员工作技巧

1　营销技巧

作为货代行业，诚信是立足之本，尤其在信息传递飞速的网络时代，不管是公司还是个人，一旦有了不诚信的记录，很快就会被同行和外贸人知道，以后的发展自然就会受到影响。

在货代业务营销中，即使是再资深的国际货代业务员也不会给客户做出一些不切实际的承诺，一旦承诺了就一定要做到。本来国际货代这个行业就有很多的不可控因素需要得到客户的体谅，因此只有以诚相待才不致毁坏自己和公司的信誉。当然，要想做好国际货代业务，还需要其他的营销技巧进行辅助。

1.1　电话、网络销售

如今的市场销售中，如果没有提前预约是很难进入别的企业见到客户的，所以为了能够扩宽业务面，电话和网络销售就诞生了。拓展市场首先需要通过电话或网络联系到目标客户，然后才能进行下一步的产品推广，因此货代工作离不开电话、网络销售环节。

电话、网络销售也是外贸业务员的入行第一关，遭到拒绝或忽视也是必然的经历，只有坚持下去才能找到潜在客户，并且锻炼自己的承受能力、随机应变能力，提升自己的专业知识水平。

此类销售并没有过多的技巧，在不知道任何客户信息的前提下，货代业务员能做的就是通过电话、网络将公司的信息和核心竞争力快速地传递给潜在客户，让别人了解，同时也通过别人来让自己尽快掌握自己所不知道的知识，这是个不断积累、循序渐进的过程。但相比之下，现在的网络销售会更符合当前的行业发展需求，若要在更为广阔的网络市场中找到潜在客户，还是需要一定的技巧来辅助的。网络销售操作流程和技巧如图 3-1 所示。

总之，电话、网络销售成功的关键是赢得客户的信任，但这是需要时间和实际行动考验的，所以，此类销售切忌急功近利。在实际操作中，销售人员应该多主动帮助目标客户等其他人解决问题，广交朋友，慢慢才会有合作的机会找上门。

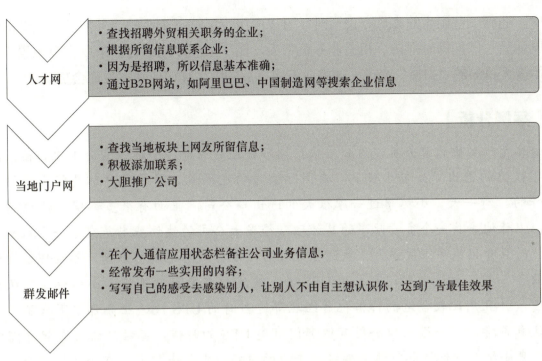

图 3-1　网络销售操作流程和技巧

【案例分析】

两名货代业务员同时打电话去一家工厂，都被前台工作人员拒绝了，而且前台工作人员还说了一些比较让人受挫的话语。一名货代业务员决定放弃了，因为他觉得这家公司不可能打进去了；而另一名货代业务员思考了一下，觉得这个前台工作人员能这样拒绝他，也一样拒绝了很多人，真正找到那个货运负责人的货代业务员并不多，甚至可以说是寥寥无几，如果自己能通过一些方式找到负责人，自己岂不是会比别人与这家公司合作的机会大很多？所以经过思考，他再次或者说第三次、更多次地把电话打过去，直到找到那位负责人为止。

问：货代从业员需要具备什么能力？

1.2　拜访销售

拜访销售是发掘新客户和开拓新市场的一种方式，靠的是两条腿和个人的能力，并且十分锻炼从事货代行业的新人。拜访销售根据开拓市场的长短可以分为最初的漫无目的的"扫楼"（去写字楼进行陌生拜访）和成熟的顺便陌生拜访。

漫无目的的"扫楼"是新入行的货代业务员接受的考验之一。相比电话、网络销售，面对面拜访销售的成功率显然会更大，100 次的拜访中应该会有 5%～10% 的潜在客户积累。在业务逐渐熟练之后，成熟的拜访销售也就变成了顺便陌生拜访，这是需要货代业务员有足够的经验积累才能实现的。成熟后的拜访销售主要是在货代业务员拜访约见客户的路程中，遇到一些陌生的工厂、公司时，可以向门卫了解下企业的业务需求，或者即时查询下电话后，顺便即时拜访下相关业务负责人，能尽可能多地给自己争取客户积累。比起最开始漫无目的的"扫楼"来说，这类业务熟练后的陌生拜访成功率反而会更高。

 【案例分析】

小林是一名货代业务员，为公司推广国际快递的业务。小林经常会去"扫楼"，毕竟写字楼里的进出口公司比较多，走国际快递的也很多，很多客户都是陌生拜访以后有合作的。有一天，小林路过一家很大的进出口公司，里面有很多部门，他说明来由后，门卫让他去找一个负责此事的葛经理（很多大公司的快件基本是交给一个人单独负责的，而且会用很多家快递）。找到葛经理后，小林诚恳地说明来意，葛经理就把他带到了业务三部，说这个部门都是用UPS的，决定权在盛经理那里。小林就这样认识了盛经理，并且用比较合适的价格把盛经理那边当时的UPS快递业务都拿下来了。由于做事认真负责，这个进出口公司其他部门有走UPS的时候，盛经理都是帮忙介绍给小林。后来小林转向做国际货运，盛经理手中的决定权也越来越大，在小林换了公司后，盛经理也一直支持着小林的海运业务。

问：拜访销售有何优劣势？

1.3 针对性营销

就销售个人而言，针对性营销就是要让自己在一个品类上的货代业务销售做到最突出，换言之就是专业、知识面广，常规普通货物所有货代都能做，但是遇到一些特殊货物就只能依靠具有专业知识和专业处理能力的货代业务员。因此，如果在此类特殊货物的代理业务中能让客户感觉到你对他们的产品熟悉度、专业度很高，那在以后的普通代理业务中，客户也都会优先考虑和你合作，这无形中就大大增加了个人竞争优势。

 【案例分析】

小沈大学毕业后进入货代公司，但是一直找不到业务门路，几个月下来没有任何成绩，来自公司和自身的压力让他有点沮丧。一天晚上，小沈仔细回想了一下自己最近的业务，发现自己这几个月所做的就是打电话、报价，对公司特色的木材进口这方面的服务却不是很熟悉。从那天以后，他花了整整一个月时间去了解公司木材进口上的种种问题和流程，虚心请教这方面的问题。一个月以后，他跑到当地做木材进口的一个交易市场，守在门口看到进去的集装箱就拦下来，装作门卫检查货单记录下来，然后按照收货人的信息一家家拜访。很多收货人都对小沈的专业知识非常认可，不出一个月，小沈就开始出单，而且操作起来得心应手。半年下来，小沈的业务量已经超过很多公司的老业务员。

问：小沈的哪些做法帮助他提升了业绩？

1.4　报价技巧

在报价时，最忌讳的就是改价，一般报出去的价格不会再轻易地更改，不管客户怎么压价，都要坚持自己的底线，因为很容易就降价会让客户认为你的报价中还有很多的水分可以挤，这就会出现价格磋商的僵持局面，甚至出现最终接近零利润的成交局面。

每次报价后，一定要及时记住自己报出去的价格，虽然现在计算机可以存储大量记录，但这类重要记录还是不如写下来保存更有效，特别自己感觉比较重要的客户，最好将每次的报价都做详细的记录，以便客户再来询价的时候，能马上查询到之前的报价，这样才能做好新一轮的报价。

在做报价的时候一定要胆大心细，并且要坚持自己的原则，只要是正常利润的价格，就不用担心被别家比价而降低价格。当然，在业务上也要尽可能比别人做得更多一点，对客户了解得更细致一点，这样才能赢得客户的信任。如果客户每次找你咨询，你都要先查找相关资料才能答复，甚至都忘记了之前对客户的答复而按照新客户的模式应答，那客户自然会觉得你对他们不上心，并且缺乏专业性。

2　管理技巧

好的货代公司，不仅需要得力的员工，更是离不开善于管理的管理者。一个好的管理者要多维度思考公司的发展可能性，需要在承受较大压力的同时，协调好各个环节和部门的关系，从而保证公司整体的正常运行。

2.1　凝聚力

公司在经营中首先要考虑的就是如何做好营销，在有了业务之后，才能有后续环节的补充。作为营销团队的管理者，不能单看货代业务员个人的业绩，而更应重视团队的凝聚力。当一个销售团队有足够的凝聚力时，他们之间就可以取长补短、互帮互助。

一个人一个月可能只能开发一两家客户，但一个团队合作就可以开发很多家，并且通过大家相互鼓励加油，能给彼此带来更高的斗志和工作积极性，一起想办法去争取开发困难的客户，为公司拓宽客户群覆盖面。在团队合作下的营销团队还能大大提升业务成功率，比如在需要和客户谈判的时候，可以派最合适的人去进行谈判，从而把公司最专业的一面展现给客户，增加合作成交的砝码。

【案例分析】

销售经理带着货代业务员 A、B、C 三人，其中 A 处世比较圆滑，很会做销售，也很能讨客户的欢心，并且公司上下他都能够自由应对，而 B 和 C 是属于老老实实做事的人，每天用心做着货代业务员应该做的事情——电话销售。B 和 C 几个月下来都积累

了不少客户，但销售经理自己也在做业务，所以平时没有教货代业务员更多的业务知识，怕他们知道自己的东西后超过自己，并且督促B和C努力打电话，自己会继续开发有希望合作的客户。A比较清楚销售经理的为人，所以处处提防着，靠自己的圆滑做了不少的客户进来。

B和C在销售经理的剥削下，只坚持了半年，实在达不到自己的理想状态，只能选择离开。销售经理虽然暂时从B和C那里得到了一些客户，但通过合作，客户也慢慢丢失了，适合B和C的客户并不一定适合他。A则是在半年内获得了老板的绝对信任，在销售经理业绩低落的时候，A做了些手脚让老板开除了销售经理，这样，公司里除了老板就是A权力最大了。A等到翅膀硬了，主动离开了公司，自己成立了公司。

问：这个业务团队存在什么问题？

2.2　规范力

制度的规范化管理不仅是用来约束员工，还是用来规范管理的。制度是死的，而人是活的，如何利用平衡制度和人之间的关系，这就是管理的工作之一。制度主要包含了上班时间、工作着装、工作职责、工资制度、奖惩规定和公司保密制度等。但是，根据情况的发生、环境的变化等，是需要做一些适当的变通的，比如说恶劣的天气环境导致上班迟到了，这就可以适当地放宽上班迟到时间，让员工感觉到公司的人情味，增加员工的幸福指数。再如，一旦做了损害公司的事情，情节严重的一律要按制度规定开除出公司，此时如果看关系讲人情，那将来就有可能出现更大的纰漏。即使管理层犯错了，同样也要公开透明地给予相应的惩罚，这样才能让大家感觉到公司内人人都是平等的，体现出管理制度的公平、公正。

只有全体人员都自觉地遵守公司的规章制度，在制度管理中加入适当的人性化管理，才能把公司的员工都团结在一起，让公司的凝聚力不断增强，再大的困难也能一起承担。

2.3　行动力

在货代这个服务性行业，老板亲自跑业务也是常有的事，但如果因此放松对自己的要求，如上下班不准时、穿着随意、行为举止松散等，就会给员工带来负面影响，让员工也放松自我要求。

高效是作为管理层的核心要素之一。事情到了管理者这里如果解决不了，基本就要放弃这个项目了，但如果能够解决，就需要管理者迅速做出反应。综观整个货代行业，能够做到这样的管理者仍然不多，能够做到的有时又会遭到别人排挤，很难立足。有道是"打江山容易，守江山难"，开拓市场固然重要，但是守住市场才是企业可持续发展的关键。

任务 3　从业人员职业规划

1　从业市场现状

受到世界金融风暴的影响，货代行业一直处于金融危机冲击下的最前沿。由于全世界范围内出口量的减少，不少依赖外销的工厂纷纷倒闭，再加上危机中各种应收账款的问题，货代行业遇到了各种前所未有的危机。不少中小型货代公司倒闭了，即使没有倒闭，也在裁员、降薪，希望通过节约开支以应对金融危机。此外，各大工厂、外贸公司也着手通过压缩物流成本来降低成本，其中就包括货代成本，要求合作的货代公司降价，或者提供更为详细的费用明细等。能经受住考验留下来的货代企业，以后的发展就会更加稳定并且规范、规模化；反之，就会在竞争中逐渐被淘汰。

要想在竞争中生存下来，并且能在众多企业中脱颖而出，首先要认清自我的优劣势，提升核心竞争力。货运代理虽然是服务行业，但也不能一味地为了迎合客户而降低自己的利润空间。由于现在的货代市场竞争处于白热化阶段，因此很多出货量大的企业把自己的重要性无限放大，觉得能在进出口贸易中处于主导地位，所以提出了各种苛刻的要求条件。在这样的恶性竞争下，看似出口方能得到一时的利益，但如果货代一直处于受损的位置，对于整个国际贸易行业发展的危害将是持续加深的。

虽然节流能有效帮助各企业渡过难关，但是所谓治标不治本，一味地盯着成本是解决不了货代行业的本质问题的，归根结底要提高作业效率，比如把不适合企业发展的人员趁早清除，那些自视甚高、整天抱怨，影响团队氛围的员工要及时裁掉，留住真心为企业发展努力的人员，轻装上阵才能使发展游刃有余，不致最后被拖垮。

2　从业人员前景展望

在货代行业发展的顶峰时期，其利润空间是非常高的，再加之货代行业的入行门槛较低，所以大量的企业和个人进入该行业，而且多是单一的货代服务销售的相关业务，并不会考虑供应链、物流运输、仓储保管等问题。但如今，货代行业的实际意义也逐渐显现了出来，除常规的货运代理操作服务以外，还要把货物及时地运出去，并为客户制定最优物流方案，满足客户多样化、个性化的服务需求。在货代行业利润空间逐渐透明化的当下，传统货代的思维模式显然已不再适用，各大货代公司也纷纷另辟蹊径，以提高自己公司的市场份额，其中就包括对专业人才的培养和需求。

随着高素质专业人士的加入，货代行业整体的文化素质又得以不断提高，这也为将来的可持续发展奠定了基础。未来从事货代行业的人员将会是一批诚信、专业、高素质的队伍，能及时为客户量身定制个性化物流方案，与客户构建可持续发展的战略合作伙伴关系。

国内的货代行业发展也会逐渐趋向国际化，不仅要能做最基本的进出口操作业务，还要成为国外客户的指定货代，把国内的货物运出去，再把国外的货物运进来，从而扩大客户群范围，简化货物的操作流程。此外，国家和行业都在不断完善出台相应的政策法规，以此来鼓励更多的公司和个人参与到国际贸易工作中去，积极促成国际的各项合作，采取优惠措施吸引外商来华投资，并激励本国的企业走出国门去投资开发国际性的项目。总之，货代行业发展的前景非常广阔，从业人员要不断提高自身专业职业素养，才能跟上行业发展的脚步。

【思维导图】

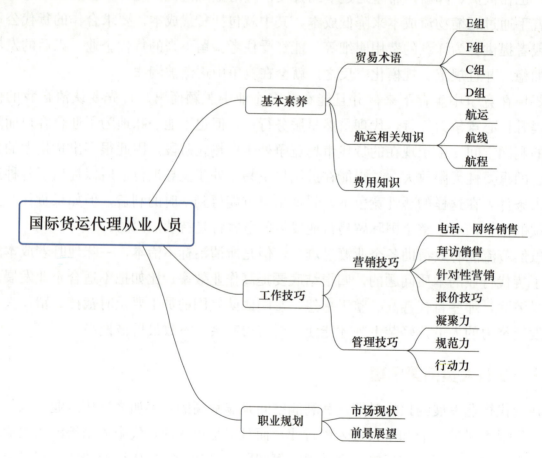

【实践任务】

调查货代行业目前急需的人才，并了解相应岗位的能力要求。

项目 4
国际货运代理业务

○ 了解海陆空货代的主要业务。
○ 熟悉海陆空货代的主要业务流程。
○ 掌握货代业务中的异常处理流程。

【术语储备】

◇ 班轮运输 Liner Shipping
◇ 租船运输 Shipping by Chartering
◇ 声明价值附加费 Valuation Charge
◇ 国际多式联运 International Multimodal Transport

【案例导入】

多余的费用

货代 A 公司为客户 B 提供仓储分拨和出口订舱服务，因作业员挑货时的疏忽，导致一箱原本应该发往香港的货物错发到新加坡。最后，不得不请新加坡代理帮忙，从新加坡收货人处提取被发错的那箱货，安排 DHL 到中国香港，少发的物料则另外安排海运到新加坡。此次事件给货代 A 公司造成了一些负面影响，也产生了不少额外费用。

问：从本案例中应吸取什么教训？

任务 1　国际海上货运代理业务

1　杂货班轮运输货代

1.1　出口方货代业务流程

出口方货代业务的主要内容是指货运代理从出口方货主手中揽取、接受货物，直到将货物交付给承运人的整个过程中所需办理的全部手续。其基本业务流程如图4-1所示。

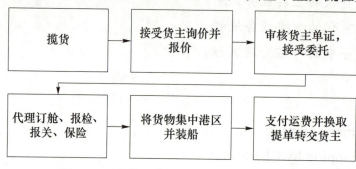

图 4-1　杂货班轮出口方货代业务流程

1.1.1　揽货

揽货是国际货运代理企业的销售人员通过各种手段争取客户或货主，使其将进出口货物运输的相关事宜交由本企业办理的环节。作为企业生存和发展的根本，国际货运代理企业要不断增强自身的核心竞争力，并采取合适的营销策略来维护和稳定老客户，并且要积极开发新客户，才能提升揽货的数量和质量。

首先，货运代理企业要和船公司保持良好的合作关系，这不仅有利于提高办理运输手续的效率，还能争取到最优惠的运价，从而吸引新老客户与本货代企业合作；其次，要与海关、商检等保持良好合作关系，这样有利于货物相关业务的顺利进行；再次，还要和掌握专业保险知识的保险公司打好关系，有助于增强保险服务优势；最后，就是提高本货代企业的核心竞争力，打造优势航线。只有在前期准备充分的基础上，通过持之以恒地关心客户，投入真诚和热情，才能打动和开发潜在客户。

1.1.2　接受货主询价并报价

在接受货主询价时，要先向货主了解名称、种类、发到港、服务需求等基本信息，从而确定是否有能力接受货主的委托。此外，如果是杂货班轮运输，就还需要掌握从发货港到各大洲和在各大航线常停靠的港口的运价信息，主要船公司的船期信息、报关费、商检收费标准等相关信息，并按照本公司对外报价表向货主提出货运代理的各项费用，以便货主决定是否愿意办理委托运输。如果是散杂货租船运输，运费或租金等相关费用信息应该已事先在租船合同中订立，国际货运代理只有在掌握报关、商检费等相关信息后，才能向货主报价。可见，报价虽然不是最终成交价格，但是过高会没有市场竞争力，过低又没有利润空间，因此合适的报价直接影响到每笔交易的成功与否。

1.1.3　审核货主单证，接受委托

当货主愿意办理托运时，便会向货运代理公司发出"出口货运委托书"及贸易合同副本、商业发票副本、产地证书副本、出口许可证、出口配额证明等随附单证。若货物属于违禁品，且单证不齐或委托事项超越货运代理人经营范围的，则货运代理可以不予受理。在各单证信息审核后，还需注意委托书是否注明货物的运到期限，因为海上运输存在各种不确定因素的影响，因此除特殊情况外，一般不应对运到期限做出约定。

当货运代理企业接受货主委托时，则双方的委托关系成立。对于新客户，货运代理企业应与其签订正式的货运代理合同，详细地规定双方的权利和义务，从而避免不必要的纠纷。

1.1.4　代理订舱、报检、报关、保险

货运代理企业在接受委托后，应尽快与船公司联系订舱。如果货主已指定船公司，那货运代理可直接向该船公司或其代理订舱，此类情况多为散杂货租船运输；如果是杂货班轮运输，货主一般不指定船公司，货运代理则可根据装运期、船公司船期、船公司运价等相关信息向最合适的船公司或其代理订舱。若承运人或其代理接受订舱，则托运人和承运人之间就构成了海上货物运输合同关系。

在订舱完成后，货运代理还可代表货主填写"出境货物报检单"，并提供贸易合同、信用证、发票等相关单证，向检验检疫机构报检。货物检验检疫合格后，出具"出境货物通关单"，以便办理通关手续；若不合格，则签发"出境货物不合格通知单"，不准货物出口。

之后，再由货运代理代为填写"出口货物报关单"，并持承运人或其代理签字退回的装货单、贸易合同、发票、进出口许可证、原产地证明书等单证到海关处办理出口报关手续。海关放行后，即在装货单上盖放行章，货运代理可凭此单向港口仓库发货或直接装船。

根据货主的要求或者代表货主的利益，货运代理可以选择合适的货运保险类别，填写"保险单"并向保险公司投保。保险金额通常以发票 CIF 价加成投保，加成比例根据贸易双方约定；如未约定，则一般加 10% 投保。

1.1.5　将货物集中港区并装船

货运代理将货主备好的货物集中到港区后，将收货单和海关盖章的装货单交给代表船公司的理货员，经确认海关放行后即可装船。装船时，理货员需负责货物的整理与清点。若货物数量、品质与包装等与托运单相符，则理货员在装货单上填入装船日期和时间、装入舱位和实收货物情况，并签字后由大副留存；同时，理货员还要和大副共同在收货单上签字，再由理货员退还给货运代理，这样收到的便是清洁收货单。

若信息不符，则理货员需在装货单上按照实际收货情况修改，签字后交由大副留存；同时大副需要在收货单上做出相应批注，并和理货员共同签字，再由理货员退还给货运代理，此时收到的就是不清洁收货单。由于带批注的收货单是无法获得清洁提单的，因此，一般货运代理会和货主沟通并由货主出具保函，从而获取清洁收货单。

1.1.6　支付运费并换取提单转交货主

装货完毕，船公司根据收货单上实收数量计收运费。若是运费预付，则货主需要先支付运费给船公司，待运费到账后货运代理再持收货单到船公司换取清洁提单。如果事先有约定的，货运代理也可以代替货主垫付运费。当然，这种行为风险较大。

货运代理拿到提单后，需确认提单上的日期与收货单是否相符，是否在信用证规定的装运期之前。信用证中一般规定只有出具清洁提单才能结汇，所以货运代理要在拿到清洁提单后及时转交给货主，以便货主在信用证规定的有效期内去办理结汇。

1.2　进口方货代业务流程

1.2.1　做好提货准备，代理报检

货运代理应与进口港船舶代理保持良好密切的联系，以便随时查询，及时掌握货物动态和运抵目的港的信息；同时也要保持与收货人的联系，便于提早做好提货准备。

收货人在向银行付款并得到提单后，货运代理可代为填写"入境货物报检单"，并提供贸易合同、发票、提单等有关单据向卸货港检验检疫机构报检。检验检疫机构审核单证，若符合则计收费用，并签发"入境货物通关单"供其办理通关手续。

1.2.2　换取提货单，办理进口报关

货运代理在凭提单向船舶代理换取提货单后，代为填写"进口货物报关单"，并持提货单、贸易合同、发票等相关单据向海关办理货物进口报关业务。

1.2.3　向港口提货

完成报关业务后，货运代理凭提货单到港口仓库、堆场或船边提货，并支付相关费用。若货物发生裂损、溢短情况，则应向船舶代理索要"货物残损单"和"货物溢短单"，作为后续索赔的依据。

1.2.4　办理检验检疫事宜

在货物通关后，货运代理还应及时与检验检疫机构联系，并于提货后及时进行检验检疫。检验合格并由检验机构签发"入境货物检验检疫证明"后，方可进行销售、使用。

杂货班轮进口方货代业务流程如图 4-2 所示。

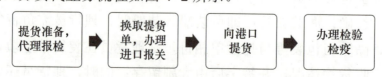

图 4-2　杂货班轮进口方货代业务流程

2 整箱货班轮运输货代

2.1 出口方货代业务流程

2.1.1 接受委托，代理订舱

在整箱货（Full Container Load，FCL）出口中，托运人委托货运代理办理相关托运手续，并自行填制场站收据一式十联。货运代理接单后进行审核，若能接受委托，则将第一联退还给托运人备查，留下第二至第十联到船代处办理订舱手续。船舶代理审核同意接受托运后，留存第二至第四联，并在第五联（装货单联）上盖签单章后，将第五至第十联单退还给货运代理。货运代理留存第八联，将第九、第十联退给托运人作为配舱回执。

2.1.2 领箱、准备装箱，代理报关

货运代理凭船舶代理签发的场站收据向管箱人领取设备交接单，并据此以向码头堆场领取空箱送至托运人处。托运人做好装箱计划，并填写集装箱装箱单。在整箱运输中，一般由货主负责装箱。

之后，由货运代理代为填写"出口货物报关单"，持场站收据第五至第七联（装货单联、大副收据联和场站收据正本）、装箱单和其他相关单据，向海关办理集装箱货物出口报关手续。海关审核无误，同意放行后，在场站收据第五联（即装货单联）上加盖放行章，并将第五至第七联（其中第五联已加盖放行章）退还给货运代理，货运代理将箱号、铅封号等内容填入场站收据第五至第七联中即完成相关报关手续。

2.1.3 集装箱集港装船，换取提单

货物装箱后由集装箱集运至码头堆场准备装船，货运代理向堆场递交第五至第七联，堆场审核通过后留下第五、第六联，并向货运代理签发第七联（场站正本）。待集装箱装船后，港口留下第五联在结算费用时使用，第六联送交大副。

货运代理持场站收据正本到船公司处办理换取提单手续，船公司收回场站收据后再签发提单。由于场站收据只表明货物已被接收，而不能证明货物已经装船，故此时的提单只是收货待运提单。只有等集装箱装船后，货运代理才可凭场站收据第六联向船公司换取已装船提单。

2.1.4 提单转交货主结汇

货运代理收到提单后，应及时转交给货主，再由货主凭提单、装箱单及其他信用证规定的单据向银行办理结汇手续。收货待运提单是否能被银行接受，取决于信用证上的要求。这种提单未载明所装船名和装船时间，在跟单信用证支付方式下，银行一般不会接受这种提单用于结汇。但是，如果信用证上是允许的，那即使是收货待运提单也可以办理结汇，这样货主可以较早结汇；反之，则只能凭已装船提单用于结汇，这种情况下，货主就需要等到集装箱实际装船完毕后才能办理结汇手续。

整箱货班轮出口方货代业务流程如图4-3所示。

图4-3 整箱货班轮出口方货代业务流程

2.2 进口方货代业务流程

2.2.1 凭提单换取交货记录，代理报关

收货人自行向银行办理付款赎单（正本提单），收货人的货运代理在接到到货通知后，持提单向船舶代理换取交货记录第二至第六联。船代审核正本提单无误后，在第二联（提货单联）上盖章，表示船公司同意放货。

货运代理持上述交货记录五联单随同"进口货物报关单"一起向海关办理货物进口报关手续，海关审核通过后在第二联上盖放行章，表示海关同意货物放行，并将五联单退还给货运代理。

2.2.2 向港口提箱，拆箱、还箱

货运代理持交货记录五联单至港口堆场，支付相关费用后提取集装箱，提箱时应检查集装箱数量和表面状态是否正常，确认无误后方可在设备交接单上做相关记录，然后提箱出场。

货运代理提取集装箱后交于收货人，收货人拆箱取货后将集装箱空箱归还，凭设备交接单办理空箱入场作业。

3 拼箱货班轮运输货代

3.1 拼箱货班轮运输货代特点

在拼箱货（Less than Container Load，LCL）班轮运输中，货运代理对于货主而言相当于承运人，而针对实际承运人而言又是整箱货货主，三者之间的关系如图4-4所示。拼箱货的货运代理除代理人型货运代理业务之外，还具有当事人型货运代理的特点，因此拼箱货货运代理业务与整箱

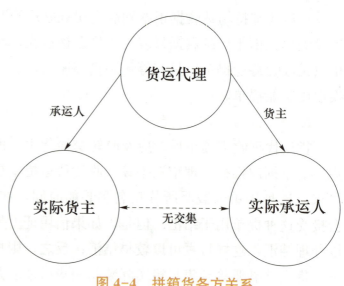

图4-4 拼箱货各方关系

货货运代理业务基本相同，但也存在一定的差别。

拼箱货班轮货运代理必须具有无船承运人资格，能签发无船承运人提单。由于船公司只能对整箱开出一套提单，因此各拼箱货货主无法全部都得到船公司签发的提单（主提单）。若货主们想要办理结汇手续，就只能使用由货运代理签发的提单（分提单）。但是，代理人型的货运代理不具备签发提单的资格，因此，拼箱货班轮运输的货运代理就只能是当事人型，即无船承运人。一般情况下，集装箱货运站（Container Freight Station，CFS）在此承担了无船承运人角色。在进出口业务中，拼箱货和整箱货的装货负责人各有不同，具体如表4-1所示。

表 4-1　拼箱货和整箱货进出口装货负责人对比

业务方向	具体内容	主要负责人	主要工作
出口业务	拼箱货	集装箱货运站	负责拼装入箱并填写集装箱装箱单
	整箱货	托运人	负责装箱并填写集装箱装箱单
进口业务	拼箱货	集装箱货运站	拆箱并向收货人放货
	整箱货	收货人	负责拆箱取货

在实际拼箱货班轮运输中，货运代理是无法针对不同拼箱货货主的货物分别订舱、报关、报检的，只能将拼入一个整箱的货物集中后再进行订舱、报关、报检。

3.2　拼箱货班轮运输货代业务流程

3.2.1　出口方货代业务流程

由拼箱货发货人将货物运至集装箱货运站后，集装箱货运站审核发货人相关单证，如果接受托运，则向发货人签发无船承运人提单据以结汇。集装箱货运站作为整箱货的托运人，需要向船公司或船舶代理集中订舱，领取设备交接单后向集装箱堆场领取空箱，同时要负责将拼箱货物装入集装箱并填写集装箱装箱单；集装箱货运站作为整箱货托运人向检验检疫机构进行集中报检，并向海关集中报关。

之后，再由集装箱货运站将整箱送至堆场，并接受堆场签发的场站收据正本；集装箱货运站持场站收据正本向船公司换取主提单，并将主提单寄送至进口国货运代理（进口国集装箱货运站）。

3.2.2　进口方货运代理业务流程

货运代理作为整箱货收货人，需要凭寄来的主提单向船公司或船舶代理换取交货记录后提货，之后由货运代理集中办理集装箱进口报检、报关手续。货运代理凭船舶代理和海关盖章向堆场提箱，在集装箱货运站拆箱后，实际收货人凭分提单换单取货，最后货运代理将集装箱空箱归还堆场。

拼箱货班轮运输货代进出口业务流程如图4-5所示。

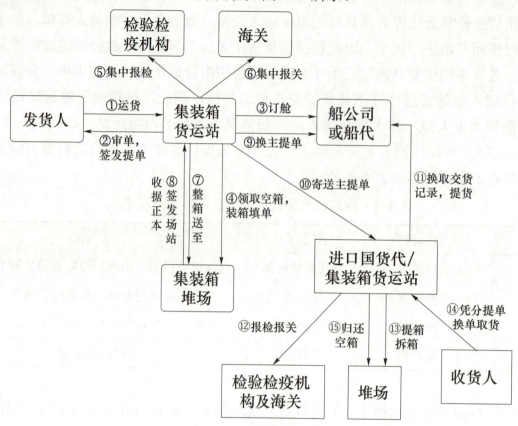

图4-5 拼箱货班轮运输货代进出口业务流程

4 班轮运输运价

4.1 班轮运价形成因素

班轮运价也称班轮运费率，是运输单位货物的价格。在班轮运价表中已事先制定的固定运价，是计收班轮运费的主要依据。

4.1.1 以运输成本为基础

班轮运输成本是确定运输运价的主要依据，也是班轮运价形成的主要影响因素。班轮运输成本主要由三部分构成：船舶资本成本、管理成本（船员工资、保险费、保赔费、船舶维修费、物料费、润料费、供应费、管理费等）和航次成本（燃料费、港口费、运河费、装卸费等），因此任何一个项目的费用变化都会影响到班轮运价。

4.1.2 反映供求关系

班轮运价还反映了运输市场的供求关系。当其供过于求时，即船舶运力供给大于运输服务需求时，运价就相对较低；反之，当船舶运力供给小于运输服务需求时，则运价较高。例如，某航线班轮公司较少或时值运输旺季，则运价会相对较高；若某航线班轮公司较密集或时值运输淡季，则运价会相对较低。

4.1.3　考虑货物性质和运输要求

运输货物的价格、包装、体积、重量、形状等性质不同或者对运输的要求不同，会直接影响班轮运价。如贵重货物、超重超长货物、鲜活易腐货物等，班轮运价就会相对较高。此外，如果托运人有其他要求，如转船运输或指定卸货港的，班轮运价也会随之增加。

此外，班轮运输运价还会受到经济、政策、意外事件等因素的影响。如货币贬值、燃油涨价，则运价会随之上涨。港口拥挤、正常航线受阻需绕航等情况，也会使班轮运价增加。

4.2　班轮运价特点

4.2.1　水平较高，负担能力较强

与租船运输相比，班轮船舶性能会更好，管理人员素质也普遍更高，管理制度更为完善，因此船舶资本成本和管理成本相对较高，从而导致运输总成本较高。而班轮按照固定船期和航线运营，很难每航次都保证满载，因此需要制定较高的运价水平。

班轮运输的货物以工业品为主，具有较高的商品价值，运价在货价中所占的比例较小，因此班轮货物对运价的负担能力较强。

4.2.2　相对稳定

班轮运输面向众多发货人，不可能逐个议价，因此班轮运价一般以事先制定的运价表为依据，并且运价相对稳定。如需调整运价，班轮公司需向价格主管部门、交通管理部门或其委托机构（航运交易所）报交备案。

4.2.3　垄断价格

班轮运价一般由班轮公会、班轮公司制定，或由班轮公司和托运人双边制定，也可能由货方制定。对于双边定价要求货代公司有足够的能力，对于货方定价要求货主具有极大的规模、能提供大量货载，因此这两者定价方式在班轮运输市场所占比例较小。在国际班轮运输市场中，大多数是由巨型班轮公司和班轮公会定价，其他中小班轮公司采用追随价格，因此班轮运价可谓垄断价格。

4.3　班轮运价表

班轮运价表（Liner's Freight Tariff）是计收班轮运费的重要依据。目前，各国船公司所制定的运价表虽然不同，但核心内容基本相同，主要包括货物分级及计费标准、基本运价、附加运价等。其中，货物分级及计费标准体现在货物分级表中，基本运价和附

加运价体现在航线基本运价表和附加运价表中。

4.3.1　货物分级及计费标准

由于杂货种类繁多，如果对每种货物都规定一个运价是不可能且没必要，因此先要对货物进行分级。

所谓货物分级，就是根据货物的自然属性、经济属性和运输属性将货物分成若干类别，然后对每类货物分别定价。货物应划分多少等级取决于能否合理体现等级间的运价差别和是否便于运费核收，过少不能体现差别，过多则不便于运价的实行，实际业务一般将货物分为 20 级。

计费标准又称为计费吨（Freight Ton，F/T），即说明货物按什么标准计费。主要有七种计费标准，具体如表 4-2 所示。

表 4-2　计费标准

计费项	适用范围	运价表显示
重量吨（Weight Ton，W/T）	适用于重货； 我国以 1 000 kg 为 1 重量吨； 欧美以 1 016 kg（1 长吨）和 909.2kg（1 短吨）为 1 重量吨	W.
体积吨（Measurement Ton，M/T）	适用于轻泡货； 1 立方米为 1 体积吨	M.
重量体积择大计费	承运人选择重量吨和体积吨较高的为计费吨	W/M
从价运费	适用于高价值货物； 按货物 FOB 价的百分比计费	A.V. 或 Ad Val.
重量、体积、价值三者从大计费	按重量吨、体积吨和从价运费计费后选择最大者	W/M，or A.V.
按重量或体积计费	选择高者； 再加一定比率的从价运费	W/M plus A.V.
按货物件数计费	集装箱按每 20 ft 箱或 40 ft 箱； 车辆按每辆（Per Unit）； 牲畜按每头（Per Head）计收	—

4.3.2　基本运价

基本运价是根据航线、货物种类的不同而确定的运价。

杂货班轮基本运价包括协议运价、从价运价、商品运价和等级运价，其中等级运价在杂货班轮运输中应用最广泛，具体如表 4-3 所示。

表 4-3　杂货班轮基本运价

计费项	计费内容	适用范围
协议运价	承运人和托运人协商后的较低运价	低价货物
从价运价	按商品 FOB 价格计费的百分比	高价货物
商品运价	对货物种类较少或特殊货物定价	车辆、冷藏货或活牲畜
等级运价	不符合上述运价的货物，在确定运价前先分为若干等级	不同等级货物进行定价

对于集装箱整箱货来说，基本运价包括均一运价、包箱运价和运量折扣运价，具体如表 4-4 所示。

表 4-4　集装箱班轮基本运价

计费项	计费内容	其他事项
均一运价（Freight for All Kinds Rates，FAK）	不管箱内是什么货物，相同航程征收相同运价	对低价值商品运输会有负面影响。如瓶装水和酒统一收取均一运价，瓶装酒货主不在意，但瓶装水货主会难以接受
包箱运价（Commodity Box Rates，CBR）	针对不同货物和不同箱型制定运价	集装箱货物等级划分与杂货等级分类相同，但运费级差远小于杂货费率级差
运量折扣运价（Time-volume Rates 或 Time-volume Contracts，TVC）	根据托运货物数量给予托运人一定运价折扣，即托运货量越大，支付的运价就越低	根据按比例增减制，即拥有 500 TEU 集装箱货物的货主，当托运第一个 100 TEU 集装箱时支付一种运价，托运第二个 100 TEU 时支付比第一次低的运价，以此类推

4.4　附加运价

附加运价是针对某些特殊货物，如超重、超长货物，或应对突发事件（如港口拥挤、燃油突然涨价等）而另外规定的运价，一般以基本运价的百分比表示，有的也以每计费吨若干金额表示。附加运价种类名目繁多，主要的几种如表 4-5 所示。

表 4-5　附加运价

计费项	计费内容
超重附加费（Heavy Lift Additional）、超长附加费（Long Length Additional）	货物单件重量超过 5 t 或长度超过 9 m 的货物分别收取超重、超长附加费，同时超重和超长的按收费高的一项收取

计费项	计费内容
直航附加费（Direct Additional）、转船附加费（Transhipment Surcharge）	直航是指船公司应托运人要求，将一批货物不经过转船而直接从装运港运抵该航线上某一非基本港口所加收的费用；转船是指凡运往非基本港的货物，需转船运往目的港，船方收取转船费和二程运费
选卸附加费（Optional Additional）	托运人在托运时未明确卸货港，只提供可供选择的目的港，在船舶即将抵达目的地时，托运人才选择卸货港的需支付该项费用
港口附加费（Port Additional）	因港口效率低或使用费高、有特殊收费项目、需要长时间等待而收取的费用
绕航附加费（Deviation Surcharge）	因运输航线上发生了战争、运河关闭或航道阻塞等意外，为了船、货安全，船舶绕取其他航道/线航行，延长了运输距离，船公司开支增大，为此船公司向托运人加收的临时性费用
燃油附加费（Bunker Adjustment Factor，BAF）、货币贬值附加费（Currency Adjustment Factor，CAF）	燃油和货币价格变动加收的费用
旺季附加费（Peak Season Surcharge，PSS）	旺季航线上加收的费用

5 租船运输货代业务

5.1 租船运输主要方式

租船运输又称不定期租船运输（Tramp Shipping），是相对于定期租船运输的另一种船舶运输方式。没有固定航线和挂靠港口，也没有预先制定的船期表和费率本，船舶经营人与租船人通过洽谈运输条件、签订租船合同来安排运输。

租船运输根据租船合同组织运输，双方事先要签订书面的租船合同。在租船合同中会明确双方的责任、权利和义务，以作为解决后续争议的依据。国际租船市场行情会影响租金或运费水平的高低，船舶营运中有关费用的分担取决于不同的租船方式，并要在租船合同中说明。

租船运输主要适用于大宗货物的运输，如谷物、矿石、煤炭等，货物的特点是批量大、附加值低、包装相对简单。因此，租船运输的租金相对班轮运输较低。租船运输的主要方式包括定程租船（Voyage Charter，Trip Charter）、定期租船（Time Charter）、光船租船（Demise or Bareboat Charter）三种，具体如表4-6所示。

表 4-6 租船运输方式分类

运输方式	运输内容	其他内容
定程租船	船舶所有人按双方事先议定的运价与条件向租船人提供船舶的全部或部分舱位，在指定港口之间进行一个或多个航次运输。 船方必须按租船合同规定的航程完成货物运输任务，并负责船舶的经营管理及在航行中的费用开支，租船人则应支付双方约定的运费。 一般按装运货物的数量计算，也有按航次包租总金额计算的。货物在港口的装卸费用在租船合同中规定由船方还是租方负担	又可分为单航次租船（Single Voyage Charter）、来回航次租船（Round Voyage Charter）、连续航次租船（Consecutive Voyage Charter）及包运合同（Contract of Affreightment，COA）等形式
定期租船	船舶所有人将船舶出租给承租人使用一定时期的租船方式，承租人可以利用船舶的运载能力来安排货运。 租期内的船舶燃料费、港口费用及拖轮费用等营运费用都由租船人负担，船东只负责船舶的维修、保险、配备船员、供给船员的给养和支付其他固定费用	定期租船的租金在租期内不变，支付方法一般按船舶夏季载重线时的载重吨为计算单位，每吨每月若干货币单位，每30天或每15天预付一次
光船租船	实质上是一种财产租赁方式，船舶所有人不具有承揽运输的责任，除收取租金外，对船舶和经营不再承担任何责任和费用	在租期内，船舶所有人只提供一艘空船给承租人使用，由承租人为船舶配备船员，负责营运管理和供应，以及一切固定或变动的营运费用

5.2 租船合同主要内容

国际物流企业或货运代理在与船方订立租船合同时，必须注意租船合同与进出口合同的装运时间是否一致。租船前必须了解和熟悉贸易合同中的相关贸易条件，要做到租船条款与合同内容相匹配。租船合同是一种运输契约，本质上是船舶所有人与承租人双方自愿接受法律约束的协议，双方都有义务遵守，并且为方便事后法律问题的处理，一般在租船合同中应对适用的规则、规定和法律予以明确。当租船合同对适用法律没有明确规定时，可根据海事国际司法的原则具体适用船籍国、签约地国及合同所使用的文字国等的法律。

租船合同中使用较多的是期租合同和航次租船合同。期租合同的主要内容为船舶说明、租期、交船、租金、停租与复租、还船、转租，其租赁时间长，且租期内由租方经营管理。航次租船合同的内容因具体业务的货类、航线、贸易条件等而不同，使用的标准租船合同格式的条款也不同。

任务2 国际航空货运代理业务

航空货物运输是指使用飞机、直升机及其他航空器经规定航线将货物、邮件等运送到指定航空港的运输方式。该方式凭借速度快、破损率低、安全性能好等优势，成为当前国际物流中的重要运输方式。

1 国际航空货代业务

1.1 出口国货代业务流程

1.1.1 揽货，接受并审核单证

揽货是指航空货运代理为争取更多货源，向进出口公司或有出口经营权的企业进行营销的过程。作为出口国货运代理业务的核心和其他各项业务开展的前提，货源是否充足、客户是否长期稳定都直接影响着货运代理企业的经营效益和长期发展。因此，航空货运代理中负责揽货的业务员需要及时向客户介绍本企业的业务范围、服务项目、各项收费标准等，尤其是其服务优势和优惠运价。另外，要积极开展增值服务，为客户制定个性化的物流方案，从而提升竞争优势。同时，各货运代理公司应全力创造条件，维持良好的客户关系。

在与客户（即发货人）就出口货物运输事宜达成意向后，应及时向发货人提供其所代理的航空公司的"国际货物托运书"。发货人根据实际发货情况填写"国际货物托运书"并加盖公章，以此作为发货人委托货代承办航空货物出口运输的依据。之后，发货人将托运书连同合同副本、发票、装箱单及海关、商检所需的单证一并交给航空货运代理，由其审核相关单证无误后，据以办理货物出口运输相关手续。如果相关单证内容有误，则可拒绝接受托运。

1.1.2 预配舱、预订舱，填写航空货运单

货运代理汇总客户委托（预报）后，根据航空公司不同箱板的重量和高度要求，计算各航线货物的件数、重量和体积，从而制定预配舱方案，并根据此方案，按照航班班期向航空公司预订舱位。由于此时货物还未进入货运代理的仓库，实际货物的件数、重量和体积可能和预报有所差别，因此需在接受货物后对配舱再做调整。

货运代理根据"国际货物托运书"填写航空货运单。航空货运单分为主运单和分运单。主运单由航空运输公司签发，是航空运输公司据以办理货物运输和交付的依据，每一批货物都有对应的航空主运单。分运单是在集中托运的情况下，除航运公司签发的主运单外，由货代（集中托运人）签发的，是指货运代理在办理集中托运业务时签发给发

货人的航空运单。

1.1.3　接收货物，做标记和贴标签

接收货物是指航空货运代理从发货人手中把即将发运的货物接过来，并将其运送至自己仓库的过程。对于通过空运、铁路或公路运输从内地运来的货物，航空货运代理会按照发货人提供的航空（铁路或公路）运单、接货地点和接货日期，代表发货人提取货物。如果货物在始发地已办理了出口海关手续，发货人应同时提供始发地海关的关封。接收货物时，航空货运代理要根据发票、装箱单清点货物，核对货物品名、数量及唛头是否与航空货运单一致，并对货物进行过磅和丈量。

标记是指在货物包装上填写的有关事项与记号，包括托运人和收货人姓名、地址和联系电话，合同号以及操作注意事项（如小心轻放、防止暴晒、易碎、防潮等）。标记一般由托运人书写，以发货人为托运人时由发货人书写；集中托运时由作为集中托运人的货代来书写。

标签是说明航空运单号码、件数、重量、始发站、目的站、中转站的运输标志，分为航空公司标签和分标签。航空公司标签上三位数字代表航空公司代号（如国航 999、南航 784 等），后八位数字是总运单号码。分标签是货运代理对有分运单的货物所出具的标签，会写明分运单号码和货物到达城市或机场的三字代码。在实际作业环节中，每件货物都须贴一张航空公司标签，有分运单的货物须再贴一张分标签。

1.1.4　配舱、订舱、代理报检报关

货物入库后，由货运代理负责核对货物的实际件数、重量、体积与托运书上预报的数量是否有差别，然后再按各航班的机型、箱板型号、高度、数量等重新进行配载，并制定配舱方案。若货物晚到、未到或未能顺利通关放行的货物，应及时做出相应调整，并一直延续到货物交付航空公司为止。

订舱是指货运代理将所接收的货物向航空公司正式提出申请并订妥舱位。在这一环节中，货运代理要按发货人的要求选择最佳航线，并争取最优惠的运价。订舱后，航空公司要签发舱位确认书，并出具集装器领取凭证以表示舱位订妥。

然后，货运代理完成填写"中华人民共和国出入境检验检疫出境货物报检单"，并到当地的出入境检验检疫局进行报检报验。订舱与报检结束后，货代填写"货物出口报关单"，并随附航空货运单等相关运输单证和检验检疫单证向出境地海关办理货物出口手续。

1.1.5　提板（箱）、货物装箱（板），签单并交接单、货

一般情况下，航空运输都以"集装箱""集装板"形式装运，除体积为 2 立方米以下的小件货物是由航空公司拼装的，其余大宗货或集中托运拼装货均由货运代理完成装板装箱。因此，货运代理在取得航空公司出具的集装器领取凭证后，要及时向航空公司

提取集装板（箱），并领取相应的塑料薄膜和网，之后可在自己的仓库、场地内完成装板（箱），也可在航空公司指定的场地内完成。

航空货运单在盖好海关放行章后，需到航空公司签单，从而审核运价是否正确，货物性质是否适合空运，危险品等是否办妥了相应证明和手续。在航空公司签单确认后，货运代理才可向航空公司办理交接手续，即向航空公司交单、交货，并由航空公司安排运输。

交单是指将随机单据（航空运单正本第二联、发票、装箱单、产地证明、品质鉴定书等）和承运人留存的单据（航空运单正本第一联）交给航空公司。交货是把与单据相符的货物交给航空公司，大宗货、集中托运货以整板（箱）称重交接，零散小货按票称重计件交接。航空公司审单验货后，将货物存入出口仓库。

1.1.6　航班跟踪、信息服务

货运代理完成单、货交接后，货物很可能因为航班取消、延误、故障、改机型、错运、倒垛或装板不符合规定等原因不能按期运出，因此货运代理要随时对航班、货物信息进行跟踪，以保证货物及时发运。

在货物出运后，货运代理还需及时向发货人传递运单号、航班号、出运日期等发运信息，并随时提供货物在运输过程中的相关信息。同时，货代将发货人留存的单据（如航空运单正本第三联、加盖海关放行章和验讫章的出口货物报关单、出口收汇核销单等）及时交于发货人，并将航空运单副本、航班、件数、重量、品名、实际收货人及其地址、联系电话等内容通过传真或 E-mail 形式传递给进口国的货运代理，此环节即为预报。

1.1.7　费用结算

费用结算主要涉及货运代理（包括进出口国）、发货人和承运人三方。货运代理向发货人收取航空运费、地面运费、各种服务费及手续费（代理报关、报检等费用）及代理费用。此外，货运代理还要向航空公司支付航空运费，若作为航空公司代理，还要向其收取代理费用。

出口国货运代理与进口国货运代理在费用结算时主要涉及运费和利润分成。在到付运费情况下，出口国货运代理为收货人（进口方）垫付运费，因此进口方货运代理在将货物移交收货人时应收回到付运费并将有关款项退还给出口国货运代理，同时，出口国货运代理将利润的一部分或代理费用分给进口国货运代理。由于航空货运代理之间存在长期互为代理协议，因此他们之间的结算一般不采取一票一结，而采取应收应付相互抵销，在一定期限内以清单冲账的结算方式进行。

1.2　进口国货代业务流程

1.2.1　做好接货准备，交接单、货，理单

进口国货运代理在接受出口国货运代理的预报，即接收航空运单副本、航班、件

数、重量、品名、实际收货人及其地址、联系电话等信息后，要及时做好接货准备。航空货物入境时，由于运输工具及货物都处于海关的监管之下，货物卸下后也是存入航空公司或机场监管仓库。航空公司会向货运代理交单（航空运单正本第二联、发票、装箱单、产地证明、品质鉴定书等）、交货。在单、货交接完毕后，货运代理才可根据货量安排地面运输，将货物运至货运代理公司自行使用的海关监管仓库内。

取得航空运单后，货运代理需要对每票货物运单进行整理分类。在集中托运情况下，先将总运单下的分运单拆开后再整理分类。按航班号分类，便于区分进口方向；按运费到付、预付整理分类，便于安全收费；按区域整理分类，便于集中转运或送货等。具体分类方法由货运代理公司根据业务目的自行安排。

1.2.2 发出提货通知单

货物到达目的地后，货运代理要尽早、尽快、尽妥地向收货人发出提货通知。从而减少客户的仓储费用，并提请货主配齐单证尽快报关，以免滞报。尽早一般是指一个工作日内利用传真、电话等预先通知客户，提货通知单则可利用特快专递寄发。尽妥是指利用电函、信函等方式在一个星期内第三次通知货主；对于收货人尚未提货的情况要告知出口国货代，并在两个月内第四次通知货主；三个月时，货物需交海关处理，并第五次通知货主。

1.2.3 代理报检、代理报关

许多收、发货人出于各种理由，会委托货运代理代为办理报验、报关手续。货运代理在填写"中华人民共和国出入境检验检疫入境货物报检单"后到当地出入境检验检疫局进行货物报检报验，并根据航空货运单、发票、装箱单及证明货物合法进口的有关批准文件，制作"进口货物报关单"，向海关递交相关单证（航空货运单等）进行货物进口报关。之后，货运代理还需协助海关对进口货物实施开箱检验，当然，收货人也可自行或委托其他代理办理报检、报关手续。

1.2.4 提货或送货，费用结算

收货人在收到提货通知单后，可凭此向航空货运代理提货。如果收货人委托货运代理送货的，则货运代理要负责配送运输，保证将货物交付收货人。双方交接货物时，货运代理应将随机单据（航空运单正本第二联、发票、装箱单、产地证明、品质鉴定书等）转交给收货人。

货运代理与收货人交接货物时，还需要结清相关费用，具体包括到付运费、仓储费用、垫付报检报验费用、地面运输费（送货上门情况）及代理佣金等。对于签订财务服务协议长期合作的货主，也可实行按月结账的结算方式。

2 国际航空货运运费计算

国际航空货物运输费用主要包括航空运费（Weight Charge）、声明价值附加费

（Valuation Charge）及其他费用（Other Charges）。

2.1 航空运费

航空运费是指航空公司将一票（指一份航空运单）货物从始发站机场运至目的站机场应收取的航空运输费用。航空运费取决于航空运价（Rate）和计费重量（Chargeable Weight）。

2.1.1 航空运价

航空运价是指承运人对所承运的每一重量单位的货物所收取的航空运费。根据其制定途径不同，可分为协议运价和国际航协（IATA）运价。

协议运价是航空公司与托运人签订协议，托运人保证每年向航空公司交运一定数量的货物后，航空公司向托运人提供一定数量的运价折扣。航空协议运价的分类如表4-7所示。

表4-7 航空协议运价的分类

运价类目	运价内容
长期协议运价	签订一年期限协议的运价
短期协议运价	签订半年或半年以下期限的运价
包板（舱）运价	对租用的全部或部分舱位或集装器签订的运价
销售返还	对已完成的销售量（额）给予一定比例的运费返还
自由销售	除订过协议的货物外，采取一票货物商议一个定价

国际航协运价是指 IATA 在空运货物运价表（The Air Cargo Tariff，TACT）资料上公布的运价。这一运价主要是依据 IATA 运价手册（Tact Rate Book）制定的，并且结合国际货物运输规则（Tact Rules）来使用。根据运价公布形式的不同，可分为公布直达运价和非公布直达运价。其中，公布直达运价是指航空公司在运价本上直接注明从始发站到目的站的货物运价；若没有适用的公布直达运价，则采用比例运价或分段相加运价，即非公布直达运价。国际航协运价分类及代码如表4-8所示。

表4-8 国际航协运价分类及代码

公布形式分类	具体运价类别	
公布直达运价	指定商品运价（C）	
	等级货物运价	等级货物附加运价（S）
		等级货物附减运价（R）

续表

公布形式分类	具体运价类别		
公布直达运价	普通货物运价	45千克以下普通货物运价（N）		
		45千克以上普通货物运价（Q）	45千克以上（Q45）
			100千克以上（Q100）
			300千克以上（Q300）
	起码运费（M）		
非公布直达运价	比例运价		
	分段相加运价		

指定商品运价（Specific Commodity Rate，SCR）是指承运人根据某一航线上经常运输某种货物的托运人请求，或为促进某地区间某种货物的运输，所提供的低于普通货物运价的优惠运价。使用指定商品运价必须满足三个条件：一是在始发站与目的站之间有公布的指定商品运价；二是货物品名与指定商品的品名相吻合；三是货物计费重量满足最低重量要求。根据航空货物运价手册，指定商品运价可分为10组，品名即商品代码（Commodity Item No.）用4位阿拉伯数字进行编号。从整个国际航协来看，指定商品代码非常繁多。

等级货物运价（Commodity Classification Rate，CCR）是指在指定地区内部或地区间对少数货物航空运输提供的运价，通常是在普通货物运价的基础上增加（或不变）或减少一定的百分比。在普通货物运价基础上增加一定百分比（或不变）称为等级货物附加运价；反之在普通货物运价基础上减少一定百分比称为等级货物附减运价。等级运价附加或附减百分比根据地区不同和等级货物种类不同而不同，其规则在空运货物运价表规则中公布。

普通货物运价（General Cargo Rate，GCR）是指对于不适用指定商品运价和等级货物运价的普通货物所提供的运价。根据货物重量不同，该类运价分为若干个重量段运价，采取相同或相似的递增重量段结构，运价随重量段的递增而逐步降低，从而能有效提高客户托运货物的积极性、获得更大货量。

起码运费（Minimum Charges）又称最低运费，是指航空公司规定的办理一批货物所能接受的最低运费。无论货物用哪种运价，所计算出来的运费总额不能低于起码运费。

2.1.2　计费重量

计费重量是指航空公司计收运费的重量，按实际毛量和体积重量较高者为准。实际毛量指一批货物包括包装在内的实际总重，体积重量按每6 000立方厘米为1千克换算。

计费重量的最小单位是 0.5 千克，不足 0.5 千克时，按 0.5 千克计算；超过 0.5 千克不足 1 千克时，按 1 千克计算。

 【案例分析】

某货物的毛重为 120.4 千克，体积为 540 000 立方厘米。

问：其计费重量应为多少？

2.1.3　运价计算

在航空运价计算中，优先使用协议运价，如果没有则采用 IATA 运价。对于 IATA 运价，首先采用公布直达运价，如果没有再采用比例运价或分段相加运价。在使用公布直达运价时，优先使用指定商品运价，如果不是则优先使用等级运价，若既非指定，也非等级货物，则使用普通货物运价。

（1）指定商品运费计算。

首先确认货物属于指定商品，然后计算货物体积重量，并与实际毛重比较，取两者较高者作为计费重量 I。如果计费重量 I 符合指定商品运价最低运量要求，则利用计费重量 I 乘以指定商品运价，求得指定商品运费 I，再与起码运费比较，取两者较高者；如果计费重量 I 不符合指定商品运价的最低运量要求，则需把指定商品按普通货物计算运费 II，再利用指定商品最低运量乘以对应的指定商品运价计算指定商品运费 III，运费 II 与运费 III 比较，取两者较低者，再与起码运费比较，取两者较高者。

 【案例分析】

Routing：BEIJING，CHINA（BJS）to OSAKA，JAPAN（OSA）

Commodity：Fresh Oranges

Gross Weight：each 72.6 kg total 4 pieces

Dimensions：4 pieces×130 cm×60 cm×55 cm

运价公布如下：

	KGS	CNY
	M	230
	N	37.51
	45	28.13
0008	300	18.80

问：应收运费为多少？

（2）等级货物运费计算。

首先确认货物不是指定商品，而是等级货物，然后计算货物体积重量，并与实际毛重比较，取两者较高者作为计费重量Ⅰ。如果是附加等级货物，利用计费重量Ⅰ乘以等级货物附加运价，求得等级货物运费Ⅰ，再与规定的最低运费比较，取两者较高者；如果是附减等级货物，利用计费重量Ⅰ乘以等级货物附减运价，求得等级货物运费Ⅱ，再按照普通货物运价计算运费Ⅲ，两者取较低者，再与规定的最低运费做比较，取两者较高者。

【案例分析】

Routing：DALIAN，CHINA（DAL）to OSAKA，JAPAN（OSA）

Commodity：Frozen Mutton

Gross Weight：15.0 kg

Dimensions：3 pieces×40 cm×30 cm×20 cm

运价公布如下：

KGS	CNY
M	30
N	9.50
45	7.60
100	6.70

冻羊肉在该区的等级运价为 150% of Normal GCR；规定最低运费为 150%M。

问：应收运费为多少？

（3）既是指定商品又是等级货物运费计算。

首先确认货物既是指定商品，又是等级货物，然后计算货物体积重量，并与实际毛重比较，取两者中高者作为计费重量Ⅰ；再按照指定商品运价计算运费Ⅰ；按照等级货物运价计算运费Ⅱ，并与运费Ⅰ比较取两者中较低者，最后与规定的起码运费比较取两者较高者。不允许使用普通货物运价计算运费并比较。

【案例分析】

Routing：BEIJING，CHINA（BJS）to OSAKA，JAPAN（OSA）

Commodity：Live Worms

Gross Weight：50 kg

Dimensions：1 piece×80 cm×60 cm×50 cm

运价公布如下：

	KGS	CNY
	M	230
	N	37.51
	45	28.13
1093	100	18.43

沙蚕在该区的等级运价为 100 of Normal GCR；规定最低运费为 200%M。

问：应收运费为多少？

（4）普通货物运费计算。

首先确认货物不属于指定商品或等级货物，然后计算货物体积重量，并与实际毛重比较，取两者中较高者为计费重量Ⅰ；再查找计费重量1对应的运价，并求得运费Ⅰ；再按照计费重量Ⅰ的较高临界点重量Ⅱ计算此临界点重量下的运费Ⅱ；再比较运费Ⅰ和Ⅱ，取两者中较低者；最后与起码运费比较，取两者较高者。

【案例分析】

Routing：SHANGHAI，CHINA（SHA）to PARIS，FRANCE（PAR）

Commodity：Tools

Gross Weight：259.7 kg

Dimensions： 5 boxes×48 cm×56 cm×126 cm each

运价公布如下：

KGS	CNY
M	320
N	50.7
45	41.43
300	37.90

问：应收运费为多少？

（5）集中托运货物运费计算。

首先要确定相应货物能否集中托运，不能集中托运的货物主要有活的动物、外交信袋、行李、机动车辆（除电力自动车）等；然后按整票普通货物计算运费；最后根据分别申报计算运费相加，两者比较取小。

【案例分析】

Routing：BEIJING，CHINA（BJS）to OSAKA，JAPAN（OSA）

Commodity：Fresh Oranges and Books

Gross Weight：70 kg and 90 kg

Dimensions：1 piece×60 cm×70 cm×70 cm and 1 piece×60 cm×80 cm×50 cm

运价公布如下：

	KGS	CNY
M		230
N		37.51
	45	28.13
0008	300	18.80

书籍在该区的等级运价为 50% of Normal GCR；规定最低运费为 M。

问：应收运费为多少？

2.2　声明价值附加费及其他费用

2.2.1　声明价值附加费

《华沙公约》中规定，对由承运人自身疏忽或故意造成的货物损坏、残缺或延误的，最高赔偿责任限额为货物毛重每千克不超过 20 美元或其等值货币。如果货物价值超出了上述价值，托运人就需向承运人声明货物的价值，并支付声明价值附加费（Valuation Charge），费率通常为 5‰；若没有超出，则不需要声明。声明价值是货物总价值，集中托运货物按整批货物价值声明。

声明价值附加费的具体计算公式是：（整批货物声明价值－货物毛重 ×20 美元）×5‰。

2.2.2　其他费用

在航空运输中，货主还需根据航空公司或航空货代提供的服务内容向其缴纳相应的其他费用（Other Charges），并用三个英文字母表示，前两个字母是费用代码，第三个字母是 C 或 A，分别表示费用应支付给航空公司（Carrier）或航空货代（Agent）。

（1）货运单费（Air Waybill Fee，AW）。

货运单费又称为航空货运单工本费，是为填制航空货运单而产生的相关费用。国际航空协会规定：由航空公司销售或填制航空货运单，费用归航空公司所有；由航空货运代理销售或填制的，费用归货运代理所有。因此，其表示方法为 AWC 或 AWA。

（2）地面运输费（Surface Charge，SU）。

托运人处收货运至始发站机场的运输费用。目的站运输费（Surface Charge Destination，SD）是指从目的站机场将货物送至收货人的陆路运输费用。

（3）保管费及停运费。

始发站保管费（Storage Origin，SO）指货物在始发站机场产生的保管费。目的站保管费（Storage Destination，SR）指货物在目的站机场产生的保管费。中途停运费（Stop in Transit，SI）指在中途停运产生的相关费用。

（4）报关费。

始发站报关费（Clearance and Handling-origin，CH）指始发站清关处理费。目的站报关费（Clearance and Handling-destination，CD）指目的站清关处理费。

（5）服务费。

集中货物服务费（Assembly Service Fee，AS）指始发站集中货物产生的费用。押运服务费（Attendant，AT）指派人押运产生的费用。分发服务费（Distribution Service Fee，DF）指目的站分发货、配货产生的费用。货运代理保险服务费（Insurance Premium，IN）指货运代理代办保险业务的服务费。包装服务费（Packaging，PK）指包装货物产生的费用。代签字服务费（Signature Service，SS）指代表货主签字的服务费。

（6）手续费。

运费到付手续费（Charge Collect Fee，CC）是指在运费到付情况下支付的手续费，其计算公式为：（货物航空运费＋声明价值附加费）×2%，并且最低收费标准为100元人民币。

垫付款手续费（Disbursement Fee，DB）指为垫付款支付的手续费。垫付款指始发站机场运输一票货物时发生的部分其他费用，包括货运单费、地面运输费和始发站报关费。垫付款数额不能超过货运单上全部航空运费总额（总额低于100 USD，可允许达到100 USD）。垫付款手续费是由垫付款的数额而确定的费用，其计算公式为：垫付款×10%，每票货物的垫付费不得低于20 USD或其等值货币。

（7）特殊货物费用。

特殊货物费用包括危险品处理费（Dangerous Goods Fee，RA）、动物处理费（Live Animals，LA）、动物容器租费（Animal Container，AC）、集装设备操作费（ULD Handling，UH）等。

（8）税费。

税费主要包括政府捐税（Government Tax，GT）和地区销售税（State Sales Tax，ST）。

（9）杂项费用。

杂项费用包括未确定由谁收取的杂项费用（Miscellaneous Charge-unassigned，MB）、代理人收取的杂项费用（如无其他代号可用）（Miscellaneous Charge-due Agent，MA）、承运人收取的杂项费用（如无其他代号可用）（Miscellaneous Charge-due Carrier，MC）、最后一个承运人收取的杂项费用（Miscellaneous Charge-due Last Carrier，MD-MN）等。

任务 3　国际陆运货运代理业务

1　国际公路货代业务

国际公路货运代理是指接受发货人、收货人的委托，为其办理揽货、托运、仓储、中转、集装箱拼拆箱、运杂费结算、报关、报检、报验和短途运输服务及咨询业务的人。具体可分为出口国发货人货运代理及进口国收货人货运代理。

1.1　国际公路货代一般业务流程

1.1.1　托运

发货人（货主或货运代理）填写国际道路货物运单，并以此作为书面申请向国际公路承运人提出委托运输。承运人接到运单后，检查内容是否正确，如检查通过，则受理托运。

1.1.2　装车发运

承运人受理整车货物托运后，发货人将货物运送（或承运人派车）至指定装车地，装车时应由承运人检查货物是否与运单相符。装车完毕后，发货人及时向承运人支付相关运杂费，承运人向发货人签发国际道路货物运单后，发车履行运输送货义务。

对于零担货物，承运人受理后，发货人将货物送至指定交货地点，承运人验货称磅后接收入库。货物交接后，发货人向承运人支付相关运杂费，承运人向发货人签发货运单。之后，承运人编制配载计划，并据此安排装车发运。

1.1.3　提取货物

整车货物到达目的地后，承运人需及时通知收货人（货主或货运代理）到指定收货地点提货，或由承运人将货物送至指定交货地点。对于零担货物，货物到达目的地后卸车入库，整理查验完毕后再通知收货人到指定地点提货或组织上门送货。货物交接时，收货人应检查货物并记载货损货差情况，对有关货运事故及时做出处理。

1.2　国际公路货物运费构成

按双边或多边出入境汽车运输协定，国际公路货物的运费由两国或多国政府主管机关协商确定。我国公路货物运价主要依据《汽车运价规则》和《国际集装箱汽车运输费收规则》等相关法规，国际重点物资（如抢险、救灾、军用物资等）运输及车辆通行费和汽车货运站服务费实行国家定价；生产资料（如化肥、农药、农膜等）运输实行国家指导价，其他货物运输实行市场调节价。

1.2.1　基本运价

整批货物的基本运价是指 1 吨整批普通货物在等级公路上运输的每吨千米运价；零担的是指零担普通货物在等级公路上运输的每千克千米运价；集装箱基本运价是指各类标准集装箱重箱在等级公路上运输的每箱千米运价。

1.2.2　吨（箱）次费

吨次费是指对整批货物运输在计算运费的同时，以吨次为单位加收的费用；箱次费指汽车集装箱运输在计算运费的同时，以箱次为单位加收的费用。

1.2.3　普通、特种货物运价

普通货物实行等级计价，以一等货物为基础，二等货物加成 15%，三等货物加成 30%。特种货物种类多样，具体运价加成如表 4-9 所示。

表 4-9　特种货物加成

货物类型	级别	加成基础	加成比例
长大笨重货物	一级	整批货物基本运价	40%～60%
	二级		60%～80%
危险货物	一级	整批（零担）货物基本运价	60%～80%
	二级		40%～60%
贵重、鲜活货物	—	整批（零担）货物基本运价	40%～60%

1.2.4　集装箱运价

根据不同规格的集装箱箱型的基本运价执行，标准集装箱空箱运价在标准集装箱重箱运价的基础上减成计算。非标准箱重箱运价按照不同规格的箱型，在标准集装箱基本运价的基础上加成计算，其空箱运价在非标准集装箱重箱运价的基础上减成计算。特种箱运价在箱型基本运价的基础上，按照装载不同特种货物的加成幅度来进行加成计算。

1.2.5　其他形式运价

特种车辆运价会根据车辆的不同用途，在基本运价的基础上加成计算，特种车辆和特种货物两个价目不能同时加成使用。非等级公路货运运价是在整批（零担）货物基本运价的基础上加成 10%～20%。快速货物运价按计价类别在相应运价的基础上加成计算。

1.2.6　货物杂费

货物杂费主要包括代征代收费用和附加费。其中，我国公路运输代征代收费用是指政府还贷性收费公路和经营性收费公路征收的车辆通行费，具体可分为按车型收费和计重收费两种方式，已安装计重设备的收费公路按重量计收，未安装的按车型计收。

附加费可包括货物装卸费用、人工费用、调车费、装货（箱）落空损失费、排障费、车辆处置费、检验费、道路阻塞停车费、运输变更手续费等。如果是零担货物，还包括货物在库的仓储保管费等；集装箱运输中还包括查验拖车服务费、集装箱堆存费、清洗费、熏蒸费及冷藏箱预冷费等。

2 国际铁路货代业务

在我国铁路货运代理的相关规定中，国际铁路货物联运的发货人只能是商务部备案的国际货物代理企业和有外贸进出口经营权的企业。货运代理对于货主是代理人，对于铁路承运人是发货人。

与航空货代不同的是，国际铁路货运代理只作为货主的代理人，而不作为承运人的代理人，铁路联运运单由铁路承运人签发，而不是由货运代理签发。国际铁路货运代理包括发运站货运代理、国境站货运代理和到达站货运代理，分别负责货物在各站的相关业务。如果涉及第三国过境运输，发货人或收货人必须在过境国指定货运代理办理相关进出境手续并支付过境国运费，如果不指定，过境国可拒绝承运。

2.1 国际铁路货运代理业务流程

2.1.1 发运站货运代理业务流程

（1）托运。

由发货人（货主或货代）填写"国际货协运单"，并以此作为货物托运的书面申请，向铁路委托运输的行为。发运车站要负责整车货物的检查，具体内容包括是否有月度和日要车计划，货物运单内容是否正确等。如审查通过，则在运单上登记货物应进入车站日期或装车日期，表示受理托运。对于零担货物，不要求编制月度要车计划，发运站检查运单无误后即可直接受理托运。

（2）进站。

车站受理托运后，发货人按指定日期将货物运送至发运站，铁路方根据运单检查货物是否符合《国际铁路货物联运协定》（简称《国际货协》）的规定，并检查是否单、货相符。整车货物一般在装车完毕后，发运站在运单上加盖承运章，表示货物已承运。零担货进站后，发运站审查、过磅，审查通过后在运单上盖章，表示接受承运。发运站在盖章承运之前，发货人需缴清相关运杂费。

（3）报检报验、报关。

发货人填写"出境货物报检单"后向当地商品检验局办理商品检验手续，并取得商品检验证书。需要办理卫生检疫的货物，需要向兽医、卫生检验机构办理检疫手续，取得检疫证书。

货物可在国内发运车站报关，也可在边境口岸报关。在发运站报关时，发货人填写"出口货物报关单"，并附上铁路盖章的"国际货协运单"及商品检验证书，以每辆火车为一票货物报关。通关后，海关在"国际货协运单"上加盖海关章。若在发运站报关且海关准予放行，但此时货物仍在运至国境站的途中，并未出境，发运站海关需得到国境站海关货物已出境的回执，才能退还发货人外汇核销单、出口退税单及收汇核销单等。

（4）装车、加固。

货物装车可由发货人负责，也可由铁路负责。若是发货人负责，则其应在现场监装；若由铁路负责，一般由铁路监装，必要时可要求发货人到场。货物装车时需具备三个条件：一是货物包装完整、牢固，货物标志清晰；二是车体完整、技术状态良好；三是随附单证内容准确、齐全，主要包括出口货物明细单、出口货物报关单和出口许可证（国家规定的指定商品）、品质证明书、检验检疫证书和装箱单等。

如果使用敞车、平车及其他特种车装运超限货物、机械设备和车辆等特殊货物的，应在装车时对货物进行加固处理。货物加固工作一般由铁路负责，并由发货人检查加固情况，不符合要求的应及时提醒铁路重新进行加固。若利用自装车或专用线装车的，则由发货人负责加固。

（5）货车施封、支付国内段运杂费。

货物装车、加固后，需要对货车施封，以便能划分清铁路与发货人、铁路内部有关单位之间的责任。我国规定装运国际联运出口货物的棚车、冷藏车、罐车都必须施封，施封工作可由铁路负责，也可由发货人负责，或委托铁路以发货人名义施封。当发货人委托铁路施封时，需在运单上注明"委托铁路施封"字样。

发货人在支付完国内段铁路运杂费后，发运站会将由其盖章的国际货协运单第三联（运单副本）交给发货人，以作为承运凭证和运费结清的凭证。整车货物在装车后，支付运费再换取运单。零担货物在货物进站交付时即结清费用，换取运单。

2.1.2 国境站货运代理业务流程

国境站分为出口国国境站和进口国国境站，如果涉及过境运输的还包括过境国国境站。国境站货运代理的主要功能是单证审核、货物报关、货物与车辆交接、货运事故处理及支付费用，其中货物与车辆交接一般在接方国境站办理，也可在发方国境站办理。

（1）出口国国境站货代业务流程。

出口国国境站货运代理首先要做好单证审核，根据国际货协运单内容来审核出口货物报关单、装箱单、商品检验证书等随附单证是否齐全。若运单内容中发货人填写项目有差错，则要及时联系发货人并按其通知予以修改更正；若运单内容中发运站或铁路填写内容需要修改，则由国境站联系发运站并按发运站通知办理；若出口货物报关单内容有差错，则按运单内容予以订正；若商品检验证书需要修改，则由出证单位（发运站商品检验局）通知国境站商品检验或检疫总站单证审核通过后，方可放货。

在货物出口报关时，因为有些货物无法装载在具备密封条件的棚车或集装箱中，所以部分内地海关不准予货物在发运站报关，此时货物只能在国境站出口报关。国境站货物出口报关的，需有由发货人填制随车运来的出口报关单为报关依据，并以随车运来的国际货协运单和商品检验证书等作为报关随附单据。

办理报关之后，两国铁路凭交付方填制的货物交接单办理货物交接手续，包括凭铅封交接和按实物交接两种方式。凭铅封交接是指根据铅封的站名、号码或发货人进行交接，主要针对有铅封的棚车、冷藏车、罐车货物。按实物交接分为按货物重量、件数和现状三种交接方式。按货物重量交接主要针对敞车、平车所装运的散装货物；按货物件数要针对不超过 100 件的整车货物；按货物现状交接主要针对难以查点件数的货物。原车过轨的货物不需要安排货物换装或更换轮对，对于需要换装的货物，则需要在换装场完成换装作业。两国铁路凭货物交付方填制的车辆交接单办理换装手续，货运代理向国境站支付换装费。

在货物换装交接过程中，如果发现货物短少、残损、污染、湿损、被盗等情况，货运代理会同铁路方查明原因，分清责任再加以处理。属于铁路方责任时，要提请铁路方编制商务记录，并由铁路方负责整修，货运代理协助解决；属于发货人责任时，由货运代理负责整修，但由发货人负责相关费用，若货运代理无法整修的，由发货人到国境站指导或运回发货人处整修。商务记录是国际铁路联运事故处理和保险索赔的法律文件。

（2）过境国国境站货运代理业务流程。

过境国国境站分为办理进境的国境站和办理出境的国境站，分别按照单证审核、货物报关（进口／出口）、货运事故处理及支付过境运输费用的流程办理业务，其办理方法与出口国国境站货代业务基本相同。

（3）进口国国境站货运代理业务流程。

进口国国境站货运代理按审核单证、货物进口报关、货物与车辆交接、货运事故处理、支付费用及货物分拨分运的流程办理相关业务。其中前五项同出口国国境站货代业务基本相同，在办理进口货物分拨分运业务上略有不同。

2.1.3　到达站货运代理业务流程

（1）寄送国境站相关资料。

除个别单位在国境站设有分支机构的，否则不得以我国国境站作为到达站，也不得以对方国境站作为到达站。作为到达站货运代理，需要将合同副本、交货清单、补充协议书、变更申请书、确认函电等寄送至进口国国境站，以便其办理交接业务。

（2）支付运费、提货。

铁路到站向收货人或其货运代理发出到货通知，收货人或其货运代理支付国内段运杂费，铁路方将货物及国际货协运单第一联（运单正本）和第五联（货物到达通知单）

一同交给收货人或其代理，收货人或其代理在国际货协运单第二联（运行报单）上加盖收货戳记。

2.2　国际铁路货物运输费用

国际铁路货物运输费用由发运国国内段和国外段构成，国外段费用由过境国费用和到达国费用构成。

2.2.1　我国境内铁路货物运输费用

我国境内铁路货物运输费用主要依据《铁路货物运价规则》（简称《价规》）。

（1）总运费。

根据"铁路货物运输品名分类与代码表"查找确定货物运价号后，再根据"铁路货物运价率表"（见附录）确定货物运价率，具体由发到基价和运行基价构成，其中发到基价是始发站和终到站作业费率，运行基价是铁路运行中的作业费率。然后根据承运方提供的"货物运价里程表"确定运价里程，国际铁路联运运价里程包括发站到国境站的运价里程及国境站到国境线的里程。计费重量是按接运车辆标记重量计算，集装箱货为箱数，最后根据运价率、运价里程和计费重量确定运费。

特殊路段运费是指对于一些地方铁路、外商投资铁路、临时营业线和特殊线路，在加入国家铁路网运输后，国家和铁道部制定了特殊运价。

几种运费的计算公式如下：

基本运费＝（发到基价＋运行基价 × 运价里程）× 计费重量

运价里程＝发站至国境站运价里程＋国境站至国境线（零千米）里程

特殊路段运费＝特殊路段运价 × 计费重量 × 特殊路段区段里程

总运费＝基本运费＋特殊路段运费

（2）杂费。

杂费主要包括以下几项：

①铁路建设基金。铁路建设基金是经国家铁路正式营业线和铁路局管辖的按《价规》计费的运营临管线（不包括地方铁路和按特殊运价计费的）运输货物，均按经过的运价里程核收铁路建设基金，但免收运费的货物及化肥、黄磷、棉花和粮食免收此费。

②电气化附加费。电气化附加费是指凡经过电气化铁路区段运输货物，均按铁路电气化区段里程征收铁路电气化附加费。

③印花税。印花税是以每张货票运费的 0.5‰ 计算，不足 1 角免收，超过 1 角实收。

④其他杂费铁路营运杂费包括运单表格费、冷却费、长大货车使用费、集装箱使用费、取送车费、篷布使用费、机车作业费、押运人乘车费和保价费用等。其中，保价费用是托运人办理保价运输时支付的费用，即当货物价格高于承运人赔偿限额时，托运人在托运货物时向承运人声明货物实际价值，并缴纳相应费用，在货物运输中发生损坏

时，承运人按托运人声明价格赔偿损失。《铁路货物运输规程》规定铁路赔偿限额是只按重量承运的货物，每吨最高赔偿 100 元；按件数和重量承运的，每吨最高赔偿 2 000元；个人托运的搬家物品和行李，每 10 千克最高赔偿 30 元。

在尾数不足 1 角时，按四舍五入处理，各项杂费凡不满一个计费单位，都按一个计费单位处理。

以上几种杂费的计算公式如下：

$$铁路建设基金 = 铁路建设基金费率 \times 计费重量 \times 运价里程$$
$$电气化附加费 = 电气化附加费率 \times 计费重量 \times 通过电气化区段里程$$
$$印花税 = 运费 \times 0.5‰$$
$$其他杂费 = 其他杂费率 \times 计费单位$$
$$保价费用 = 保价金额 \times 3‰$$

 【案例分析】

某进出口公司向俄罗斯整车出口一批货物，装运在一辆铁路棚车（标记载重是 60 吨）中，从进出口公司所在地出发，在内蒙古满洲里站换装出境。已知始发站至满洲里的运价里程是 3 680 千米，其中铁路电气化区段共 1 500 千米，无特殊运价区段，满洲里至国境线里程是 10 千米。货物声明价格为 15 000 元，除保价费用外其他杂费合计 800 元。

经查表：货物运价号是 5，发到基价和运行基价分别为 11.4 元/吨和 0.0612 元/（吨·千米），整车货物电气化附加费率为 0.012 元/（吨·千米），铁路建设基金费率为 0.035 元/（吨·千米）。

问：我国境内铁路货物运输总费用是多少？

2.2.2 过境国的铁路货物运输费用计算

过境国的铁路运输费用由过境国铁路运费、换装费及其他杂费构成，其费用在接入国境站向发货人指定的过境国货代核收。过境运费计算主要依照《国际铁路货物联运统一过境运价规程》（简称《统一货价》），其具体计算步骤如下。

（1）确定过境里程。

在《统一货价》第 10 条"过境里程表"中分别查找货物所通过各个国家的过境里程。过境里程指从进口的国境站（国境线）到出口的国境站（国境线）或以港口站为起讫的里程。

（2）确定运价等级和计费重量标准。

通过"国际铁路货物联运通用货物品名表"确定货物适用的运价等级和计费重量标准。运价等级根据货物名称及其顺序号或所属类、项确定。计费重量的确定根据整车货物按货物实际重量计算，但不得低于车辆装载最低计费重量标准（四轴车装载最低计费重量标准为一等货物 20 吨，二等货物 30 吨）。

（3）查找相应运价率。

在《统一货价》第11条"过境统一货价参加路慢运货物运费计算表"中，根据运价等级和各过境运送里程，找出相应的运价率。

（4）运费计算。

《统一货价》对过境货物运费的计算，以整车慢运货物为基础。货物计费重量除以100后，再乘以其适用的运价率，即得该批货物的基本运费。

根据货物运送的办理种别，确定其适用的加成率，并在基本运费的基础上，加上基本运费与其适用的加成率的乘积，求得货物运费。

（5）换装费。

包装和成件货物，每100千克按1.2瑞士法郎核收换装费；散装和堆装货物，每100千克按1.0瑞士法郎核收换装费；罐装货物（包括冬季加温），每100 kg按0.8瑞士法郎核收换装费；大吨位重集装箱换装费按68.0瑞士法郎/箱核收换装费；空集装箱按34.0瑞士法郎/箱核收换装费。

（6）其他杂费。

其他杂费主要包括更换轮对费、验关费、固定材料费和声明价格费。更换轮对费，每轴核收70.0瑞士法郎。验关费，整车货物按每批4.0瑞士法郎核收；大吨位集装箱货物按每箱4.0瑞士法郎核收；零担货物按每批2.2瑞士法郎核收。固定材料费，在国境站换装货物时，由铁路供给的设备、用具和装载用的加固材料，不论车辆载重量如何，每车核收35.1瑞士法郎。声明价格费，不论快运或慢运，每一过境路的声明价格费，按每150瑞士法郎核收2瑞士法郎，不满150瑞士法郎的按150瑞士法郎核收。

3　国际铁路联运货代

在国际铁路物流中，一般涉及两个或两个以上国家的铁路运送，但使用的运送票据只有一份，所以铁路联运是以连带责任办理货物的全程运送，并在由一国铁路向另一国铁路移交货物时，无须发货人、收货人参与。国际铁路货物联运是我国国际货物铁路运输的主要方式。

3.1　出口货物国际铁路联运

我国出口货物国际铁路联运中，对货主（出口商或发货人）来说，主要就是货物的托运；对货运代理而言，应完成以下工作任务。

3.1.1　接受委托，提出要车计划

货运代理办理出口货物国际铁路联运事宜，首先要接受货主委托书。凡发送整车货物，均须具备铁路部门批准的月度要车计划和旬度要车计划。因此，货运代理根据货主的贸易合同、备货和国际市场的需要等情况，按所在地的铁路部门规定的月度计划提出

时间，填写印有"国际联运"的月度要车计划表，向铁路局（分局、站）提出下月要车计划。此外，再由货运代理制定装车方案，铁路部门制定配载装车表。

3.1.2 代理货物托运

货物托运可由货主办理，也可由货运代理代办。在托运前必须将货物的包装和标记严格按合同中的有关条款及国际货协等规定的有关条款办理。货物包装应防止货物在运输途中灭失和腐坏，保证货物多次装卸而不致毁坏。货物标记、标示牌及运输标记、货签等字迹均应清晰、不易擦除，保证多次换装而不致脱落。

3.1.3 报检、报关

在货物发运前，货运代理要查验发货人提供的报检、报关文件，随车递交口岸站或在发站报检、报关。铁路车站承运后，应在货物报关单上加盖站戳，货物报关单与运单一同随货同行，以便国境车站向海关办理申报。

联运货物的进口申报手续有边境口岸报关和到达站报关两种形式。一般国运货物在边境口岸报关和缴纳海关应收、代收的税款。如在到达站设有海关或有海关监管条件的，在向海关提出申请后，可办理监管转关运输，运抵到达站报关，办理进口关手续和缴纳税费。

3.1.4 发运后事项

铁路部门对承运后的货物负保管、装车发运、在国境站的交接责任，货运代理要办理好发运后的事项，包括登记、信息传递和与国外代理结算。

登记是在发货后，将发货经办人员的姓名和货物名称、数量、件数、毛重、净重、发站、到站、经由口岸、运输方式、发货日期、运单号、车号及运费等项目，详细登记在发运货物登记表内，作为原始资料。此外，要及时将车号等信息通知口岸代理和国外代理、向货主递送运单、向国外代理递送运单副本一份，在口岸代理办理货物交接时通知发货人交接时间和通知收货人等。与国外代理结算时要根据协议与国外代理结算费用，向货主通报货物在国外的交付信息。

3.2 进口货物国际铁路联运

进口货物国际铁路联运的发运工作是由国外发货人根据合同规定，向该国铁路车站办理的。根据《国际货协》的规定，我国从参加《国际货协》的国家通过铁路联运进口货物，凡国外发货人向其所在国铁路部门办理托运，一切手续和规定均按《国际货协》和该国国内规章办理。对货运代理来说，主要工作有以下几项。

3.2.1 接受委托

货运代理要与货主（收货人）签订代理协议，沟通运输细节。收货人应提出确切的到达站的车站名称和到达路局的名称，注明货物经由的国境站。

3.2.2 编制运输标志

我国规定联运进口货物是在订货工作开始前，由国家统一编制向国外订货的代号，以作为收货人的唛头。进口商必须按统一规定的收货人唛头对外签订合同。

3.2.3 向国境站外运机构寄送合同资料

货运代理应及时将贸易合同的副本、附件、补充协议书、变更申请书、确认函电、交货清单等寄送国境站外运机构，在这些资料中有合同号、订货号、品名、规格、数量、单价、经由国境站、到达路局、到站、唛头、包装及运输条件等内容。事后如有某种变更事项也应及时将变更资料抄送外运机构。

3.2.4 代理报检、报关

在口岸站委托报检、报关代理办理报检、报关、换装、运输等事宜，并将代理费和关税交报检、报关代理或海关。

3.2.5 进口货物在国境站的交接与分拨

我国国境站会根据邻国国境站货物列车的预报和确报，通知交接所及海关做好到达列车的检查准备工作。进口货物列车到达后，铁路部门会同海关接车，双方铁路部门进行票据交接，然后交接所根据车辆交接单及随车的货运票据交接所办理货物和车辆的现场交接，海关则对货物列车执行实际监管。

货运代理要根据国外发货人提供的发货运输信息在口岸站安排接运事宜。货物到站向收货人发到货通知；收货人接到通知，向铁路部门付清运送费用后，铁路部门将其背面记有铁路部门记载的各段运输情况，并盖有各种运输戳记的运单第五联交给收货人或货运代理以办理提货，在取货时应在运单上加盖收货戳记。货运代理根据收货人的委托可办理国内运输，将货送交收货人。提货时如发现货物部分或全部灭失或毁损，必须要求铁路部门编制商务记录。

3.2.6 运费核收

货运代理要在国内到站核收口岸至到站的运费和口岸站产生的换装费用，进口货物还会涉及运到逾期的问题。铁路部门承运货物后，应在最短期限内将货物运至最终到站，货物从发站至到站所允许的最大限度地运送时间，即为货物运到期限。从承运货物的次日零时起开始计算，不足1天按1天计算。如承运的货物在发送前需预先保管，运到期限则从货物指定装车的次日零时起开始计算。货物实际运到天数超过规定的运到期限，表示该批货物运到逾期。如果货物运到逾期，造成逾期的铁路部门应按收取运费的一定比例，向收货人支付逾期罚款，具体计算方法如下：

$$逾期罚款＝运费×罚款率$$

$$逾期百分率＝（实际运送天数－规定运到期限）÷规定运到期限×100\%$$

3.3 国际铁路货物联运运送费用

3.3.1 参加国费用核收原则

发送路的运送费用在发站向发货人或根据发送路国现行规定核收。到达路的运送费用在到站向收货人或根据到达路国现行规定核收。过境路的运送费用按《统一货价》在发站向发货人或在到站向收货人核收。

3.3.2　参加国与非参加国费用核收规定

发送路和到达路的运送费用与上述相同。

过境路的运送费用计收如下所述：

（1）参加国根据《统一货价》在发站向发货人（相反方向运送则在到站向收货人）核收，但办理转发送国家铁路的运送费用，可在发站向发货人或在到站向收货人核收。

（2）过境非参加国的在到站向收货人（相反方向运送则在发站向发货人）核收。

（3）在港口站所发生的杂费和其他费用，在这些港口站向发货人或收货人的代理人核收。

3.4　国际铁路货物联运费用计算

3.4.1　国内段运送费用计算

根据《国际货协》的规定，我国通过国际铁路联运的进出口货物，其国内段运送费用的核收应按照我国《价规》进行计算。

首先，根据货物运价里程表确定从发站至到站的运价里程；其次，根据运单上填写的货物品名查找货物品名检查表，确定适用的运价号；再次，根据运价里程和运价号，在货物运价率表中查出相应的运价率；最后，按《价规》确定的计费重量与该批货物适用的运价率相乘，计算出该批货物的运费。具体计算公式如下：

整车货物每吨运价（运价率）＝发到基价＋运行基价 × 运价千米

运费＝运价率 × 计费重量（重量以吨为单位，吨以下四舍五入）

3.4.2　过境运费计算

国际铁路货物联运过境运费是按《统一货价》规定计算的。根据运单记载的应通过的国境站，在《统一货价》过境里程表中分别找出货物所通过的各国家的过境里程。根据货物品名，查阅《统一货价》中的通用货物品名，确定所运货物应适用的运价等级。根据货物运价等级和各过境路的运送里程，在《统一货价》中找出符合该批货物的运价率。

《统一货价》对过境货物运费计算是以慢运整车货物的运费额为基础的（即基本运费额），其他种别的货物运费则在基本运费额的基础上分别乘以不同的加成率。其中，加成率指运费总额应按托运类别在基本运费额基础上所增加的百分比。如快运货物运费按慢运的加 100%，零担货物加 50% 后再加 100%，随旅客列车挂运整车费另加 200%。具体计算公式如下：

总运费＝基本运费额 ×（1＋加成率）

基本运费额＝货物运价率 × 计费重量

任务 4　其他货运代理业务

1　国际多式联运货代业务

多式联运是物流企业通过与其他物流企业开展物流协作来拓展市场并发展壮大的重要途径。作为一种利用集装箱进行联运的新型运输组织方式，多式联运具有自身的特点和优越性。到 20 世纪 80 年代，集装运输已进入多式联运时代，集装箱货物、成组托盘货物、一般的散杂货均可适用国际多式联运。与传统的运输方式相比，多式联运在经营管理、运输技术、运输法规、运输单证、运输责任划分等方面都有较大的区别与变化。

1.1　国际多式联运的优势及组织形式

1.1.1　国际多式联运优势

通过采用海、陆、空等两种以上的运输手段，完成国际的连贯货物运输，打破了过去海运、铁路、公路、航空等单一运输方式互不连贯的传统做法。

（1）简化手续，节约资源。

在国际多式联运方式下，无论货物运输距离有多远，且不论运输途中货物经多少次中转，都由几种运输方式共同完成，并且一切运输事项均由多式联运经营人全权负责办理，而托运人只需办理一次托运、订立一份运输合同、支付一次费用、办理一次保险，从而省去托运人分别与不同承运人办理托运手续的许多不便。因多式联运可实现门到门运输，因此对货主来说，在货物交由第一承运人后即可取得货运单证，并据以结汇，从而提前了结汇时间。这不仅有利于加速货物占用资金的周转，而且可以减少利息的支出。

此外，由于多式联运采用一份货运单证，统一计费，因而也可简化制单和结算手续，大大节省了人力和物力。并且，一旦在运输过程中发生货损货差，都由多式联运经营人对全程运输负责，也可简化理赔手续，减少理赔费用。货物是在集装箱内进行运输的，从某种意义上来看，还可相应地节省货物的包装、理货和保险等费用的支出。

（2）缩短运输时间，提高货运质量。

各个运输环节和运输工具之间配合密切、衔接紧凑，货物所到之处中转迅速、及时，大大减少了货物在途停留的时间，从根本上保证了货物安全、迅速、准确、及时地运抵目的地，从而降低了货物的库存量和库存成本。

同时，多式联运通过集装箱为运输单元进行直达运输，尽管货运途中需经多次中转，但都可使用专业机械装卸，且不涉及箱内货物的单独装卸搬运，可以减少货损货差事故的发生，在很大程度上提高了货物的运输质量。

（3）提高管理水平，实现运输合理化。

对于区段运输而言，由于各种运输方式的经营人各自为政、自成体系，因而其经营业务范围受到限制，货运量相应也有限。而一旦由不同的运输经营人共同参与多式联运，经营的范围能大大地扩展，同时可以最大限度地发挥其现有设备的作用，选择最佳运输线路组织合理化运输。

1.1.2　国际多式联运组织形式

按形式和体制，国际多式联运可分为协作式多式联运和衔接式多式联运两类。协作式多式联运是指两种或两种以上运输方式的运输企业，按统一的规章或商定的协议，共同将货物从接管货物的地点运到指定交付货物的地点的运输。衔接式多式联运是指由一个多式联运经营人综合组织两种或两种以上运输方式的运输企业，将货物从接管货物的地点运到指定交付货物的地点的运输。衔接式多式联运是多式联运的主要形式。

按联合运输方式的不同，国际多式联运可分为海陆联运、大陆桥运输、海空联运、陆空联运等。

（1）海陆联运（Sea-Land）。

海陆联运是国际多式联运的主要组织形式，也是远东/欧洲多式联运的重要组织形式之一。海陆联运的具体操作是以航运公司为主体签发联运提单，与航线两端的内陆运输部门开展联运业务。

内陆地区的托运人或收货人与航运企业或无船承运人签订由内陆出口地到进口地的国际多式联运协议，托运人在内陆集装箱场站将货物转交承运人控制，得到多式联运提单，或多式联运经营人派遣车辆将空的海运集装箱调拨到托运人内陆仓库，装上货物，签发多式联运提单。然后，货物通过铁路或公路运输运抵海运装货港，在装货港（也可以在内陆出口地）完成出口报关，装上船舶运往预定的卸货港，再由铁路或公路送达至收货人的仓库（也可以由收货人到港口自提货物）。

（2）大陆桥运输（Land Bridge Transport）。

大陆桥运输是远东/欧洲国际多式联运的主要形式，是指采用集装箱专用列车或卡车，把横贯大陆的铁路或公路作为"桥梁"，使大陆两端的集装箱海运航线与专用列车或卡车连接起来的海陆海的一种连贯的运输方式。

大陆桥运输也是一种海陆联运形式，只是因其在国际多式联运中的使用频率很高且具有独特地位，故将其单独作为一种运输组织形式，并把大陆两端的集装箱海运航线通过专用列车连接起来的海陆连贯运输方式称为小陆桥运输（Mini-land Bridge Transport）。

（3）海空联运（Sea-Air）。

海空联运又被称为空桥运输（Air-bridge Transport），货物通常要在航空港换入航

空集装箱，降低费率，提供快捷、可靠的运输服务。

海空联运兼有海运的经济性和空运的速度，可在控制运输成本的基础上缩短运输时间，因而受到某些货主的欢迎，在远东、欧洲、中南美洲等国际贸易中的使用越来越广泛，适用于电气、电子产品、计算机和照相器材等高价值商品及一些季节性需求产品，如服装等。不过，由于航空运输与海运的巨大差异，特别是集装箱的不兼容性问题，海空联运受到一定限制。

（4）陆空联运（Air-Land）。

在长途运输（尤其是国际长途运输）中，航空与公路/铁路运输的联合更为常见。在欧洲和美国，很多货物由卡车经长途运输到各大航空公司的基地，再由飞机运往目的地。欧洲的许多大型航空公司为此建立了卡车运输枢纽作为公路运输经营的据点。

陆空联运既弥补了全程空运费用高的弊端，又巧妙利用了航空运输枢纽的有利地位，提高了运送速度。如内地的货物首先通过公路/铁路运输方式到达香港，再借助香港航线多的优越条件，利用空运转运到北美、欧洲等。

1.2　国际多式联运经营人

在开展多式联运业务时，货物从发货人仓库到收货人仓库及至海、陆、空等运输区段，必须有人负责全程运输的安排、组织、协调与管理工作，这个负责人就是国际多式联运经营人（Multimodal Transport Operator，MTO）。作为多式联运的总承运人，对全程运输负责，对货物灭失、延迟交付等均承担责任，但既不是发货人的代理或代表，也不是承运人的代理或代表，而是一个独立的法律实体（签订多式联运合同且负有履行责任的法人）。

对货主来说，国际多式联运经营人是承运人，对实际承运人（分承运人）来说又是托运人。一方面，国际多式联运经营人要与货主签订多式联运合同；另一方面又与实际承运人签订运输合同。在国际上经营国际多式联运业务的多是规模较大、实力雄厚的国际货运公司。

1.2.1　责任范围

国际多式联运经营人的责任期间是从接受货物之时起到交付货物之时为止。但在责任范围和赔偿限额方面，根据目前国际上的做法，可以分为统一责任制和网状责任制。不过，在某些特定情况下，多式联运经营人还可免责。

统一责任制（Uniform Liability System）又称同一责任制，是多式联运经营人负货物损害责任的一种赔偿责任制度。按这种制度，统一由签发联运提单的承运人对货主负全程责任，即货损货差不论发生在哪一个运输阶段，都按同一的责任内容负责。如果能查到发生损害的运输阶段，多式联运经营人在赔偿后，可向该段运输的实际承运人追偿。

网状责任制（Network Liability System）又称分段责任制，是多式联运经营人负货物损害责任的一种赔偿责任制度。签发联运提单的承运人虽然仍对货方负全程的责任，但对损害赔偿是按发生损害的运输阶段的责任内容负责。

此外，如果因下述原因造成的货损或灭失，国际多式联运经营人可以免除责任。

（1）托运人所提供的货名、种类、包装、件数、重量、尺码及标志不实，或由于托运人的过失和疏忽而造成的货损或灭失，均由托运人自行承担责任。

（2）发生损失的货物是由托运人或其代理装箱、计数或封箱的。

（3）货物品质不良，外包装完好而内包装货物短缺、变质。

（4）货物装载于托运人自备的集装箱内的损坏或短少。

（5）由于运输标志不清而造成的损失。

（6）对危险品等特殊货物的说明及注意事项不清或不正确而造成的损失。

（7）对有特殊装载要求的货物未加标明而引起的损失。

（8）由于海关、商检、承运人等行使检查权所引起的损失。

由上述可见，国际多式联运经营人的责任是以过失责任为基础的。

1.2.2　进出口业务运作

国际多式联运经营人因为要对运输全程负责，所以其业务运作内容也较为烦琐，具体进出口业务运作流程如图 4-6 和图 4-7 所示。

图 4-6　出口业务运作流程

图 4-7　进口业务运作流程

2 海运异常情况处理

2.1 海运投诉类型

由于海运时间长、航线长，各环节业务多且繁杂，因此出现问题的情况也是复杂多样。

2.1.1 客户方

（1）服务态度。

若货运代理公司的客服人员在说话或接待上有不得当的举止，很容易引发客户不满。货运代理的服务态度是客户很看重的一点，客户有问题时希望能得到及时、高效的解决，并且能得到相应的尊重和优待。

（2）运输延误。

海上运输不稳定因素较多，可能中途由于天气、战争、罢工、事故等造成延误、损失，送（提）货时不能按客户要求操作，就很容易引起客户的不满。

（3）结算价格问题。

某些原因导致最终结算价格与保价略有差异，并且，价格变动后未能及时通知客户并解释原因，就容易导致客户心中产生不满情绪。值得注意的是，在拼箱货物中，如果没有提前将所有费用说明，客户可能会感觉受到欺骗。

（4）单据有误。

如果货运代理人员在为进口货物办理报关手续后，发现报关单上境内目的地填写错误，一般应及时向货主说明情况，并表达歉意。然后，填报"进出口货物报关单修改／撤销申请表"，并提交相应单证给海关申请修改，等待海关批复通过后重新申报。

（5）货物包装破损。

货物包装破损同样容易引起客户及其收货方对货运代理公司服务专业性的不满和质疑。具体包装破损可能是因为与不适合混装的货物一同装载，或装箱后没有加固措施以致在运输途中震荡，还可能是人为因素，即在检查集装箱铅封时，有明显的开箱迹象等。

2.1.2 事件方

（1）货损。

货物在运输、装卸及保管过程中发生数量和质量上的损失。如货物落水、受潮、水湿、浪损、污染、变质、变形、毁坏、碰撞、被盗、遗失以及大宗散装货物超过正常途耗的减量。

（2）货差。

一是到货件数多于运单显示件数，二是到货件数少于运单显示件数。不管是哪种情况，都出现了货物数量差额情况，尤其是后者数量少了，会影响最终收货环节的进度。

2.2　海运异常及处理

2.2.1　到货件数多于提单显示件数

实际到达货物件数多于提单上显示的件数时，提货员应立即转告进出港联络员，联络员即刻通过上一环节的操作单位，请其更改提单件数，并将电报号转告本集散中心进出港联络员，以便及时提取货物。

2.2.2　到货件数少于提单显示件数

实际到达货物件数少于提单上显示的件数时，提货员需与船公司的服务人员积极配合，仔细寻找各库区及异常货物堆放区域是否有本公司的货物。同时通知进出港联络员，请其向上一环节的操作单位确认应到货数量，如数量有误而又搜寻无果，则先将已到货物全部提取，再针对缺少的货物在提货时要求相关部门开具异常情况货物证明并加盖公章，同时向上级汇报该情况。

2.2.3　货物破损、受潮、丢失

应立即要求提货处开具异常情况货物证明或货物破损、受潮、丢失证明，需详细描述货物状况并加盖公章，对已破损的货物合理安排装车，避免再次受到挤压或碰撞，对疑似丢失货物要清点货物内装件数，回站后将情况通知上级和内场操作员，在上级监督下对实物拍照，并对包装进行修补或加固。

对于受潮严重的货物，回站后要立即将情况报告上级和内场操作员，在上级监督下对实物拍照，然后将货物晾干或擦干并更换外包装。海水浸湿导致货物受损的会在提单上或货物交接文件中标注，若投诉时相关文件没有不清洁记录，则可排除该原因的可能性。

2.2.4　海关、商检系统异常

因系统异常无法进行正常申报的，相关负责人（报关人员）要及时到第一现场了解情况。若情况属实，则通知后台客服人员，由客服人员汇报领导，并发邮件通知客户，描述系统异常发生时间、目前状态、解决方案、预计解决时间、对操作货物造成的影响，持续跟踪并将结果告知客户。

2.2.5　海关、商检查验

相关负责人（报关人员）收到海关、商检查验通知后，要第一时间通知客服人员，客服人员以发送电子邮件的方式通知客户并等待客户指示，然后根据指示积极准备查验货物并到达查验地点。查验完毕后，恢复包装，客服应及时将查验报告发送给客户。

2.2.6　删改单

因错误申报导致的删改单，在相关责任人发现报关单证申报错误时，应第一时间通知客服人员。客服人员调查清楚错误原因后，根据货物的紧急程度决定解决方案，并将

删改单情况汇报给领导，等待指示操作。确定删改单后，单证人员准备申请报告海关，并跟进修改进程。客服人员要分析总结错误原因，并提出改进方案。

3 空运异常业务处理

3.1 空运异常业务类型

空运虽然起步较晚，但发展异常迅速，依赖运送速度快、时效性强、安全性高等优势得到了不少现代化企业管理者的青睐。但是，空运也是各种运输方式中受天气影响较大，容易出现延误的一种运输方式。

3.1.1 空运延迟

空运延迟的主要原因有恶劣天气、航空管制、机场保障、航空公司等。

（1）恶劣天气。

飞机起降的机场一旦遇到雾、雪、雨、云和风等天气，跑道能见度低于一定标准时，航班便无法起降，严重时甚至会关闭机场。有时飞机起飞时出发地机场天气晴朗，但飞机经停或目的地机场天气恶劣也会造成航班延误。

（2）航空管制。

空中交通管制造成的航班延误也较常见。一是流量控制，确保国防安全等原因，对空域实行严格控制；二是空军活动，遇到该情况时没有起飞的飞机只能在地面等待，在空中的飞机或返航或就近降落在其他机场等待。

（3）机场保障。

一是机务原因，机场机务保障部门处理问题不及时，可能造成航班延误；二是场区环境，机场上空出现干扰因素是造成航班延误的重要原因；三是商务原因，包括货物舱单和平衡图送达不及时等。

（4）航空公司。

如飞机晚点、调配原因、机械故障等，都会造成飞机延误。有时也会因为航空公司操作人员失误，货物延迟送达。

3.1.2 空运货损、货差

托运前要将托运的货物按托运要求进行包装、打托等操作，保证货物在机舱货损概率最小。一旦在货物交接时发现货物损坏、数量短少，要在相关交接文件上做批注，以备后续追偿。

3.2 空运改寄原因分析

空运改寄是指改送另一条运输线路，将货物邮寄到最终目的地，主要原因可分为人为因素和航班因素。

3.2.1　人为因素

（1）收货人、发货人问题。

如果收（发）货人地址存在问题，签收人名字写错，或客户将邮寄包裹货物弄错，出现混乱，货物被邮寄至错误地区等情况出现，为完成航空运输业务，需将货物重新邮寄到正确目的地。

（2）货代操作员问题。

因为国际机场三字代码很多，所以有很多名称极为相似，货代操作员填写单证时，稍有差错就将造成巨大的损失。若是由于货代操作员的问题造成损失，将由操作员进行赔付。

（3）航空公司操作问题。

航空公司分拨人员将目的地地址看错，致使货物被邮寄到其他地区，航空公司需安排航班将货物尽快邮至正确目的地。若货物被他人签收，航空公司需追回货物。

3.2.2　航班因素

（1）不可抗力因素。

由于天气等不可抗力因素造成航班延误的，如暴风雨、大雪、大雾等能见度较低的天气，航空公司有责任将信息告知客户，航空公司对造成的损失不负责赔偿。

此外，因机械等故障，飞机进行维修无法正常飞行，取消航班或对飞机调配，也可能造成航班延误。

（2）空中交通管制。

因为交通管制不允许飞机飞行，这种情况若客户急需货物，可能需要将货物改用其他运输方式进行运输。一般情况下航空管制时间较短，但由于管制，所有经过的飞机和要起飞的飞机都无法飞行，致使管制后将出现堵塞情况的，要及时联系货主改寄货物。

3.3　空运改寄处理流程

3.3.1　调查原因

确定出错的环节。若是收货人、发货人的问题，则询问客户想要怎么解决，如果继续邮寄，则按照客户提供的地址进行改寄。若是货代操作员或航空公司的原因，则需将货物尽快订舱按照正确地址进行邮寄。若是航班的问题，则询问客户意见是否改寄。

3.3.2　责任划分

若为收货人、发货人的原因，则由收货人、发货人承担运费；若为货运代理操作的原因，则货运代理操作员要重新进行订舱改寄并承担相关运费；若为航空公司的原因，则由航空公司进行改寄并承担运费。

3.3.3　解决办法

由于恶劣天气导致航班延误，可更换航班或运输方式；若是信息或操作错误，则经收货人、发货人同意改寄后才可进行改寄。

【思维导图】

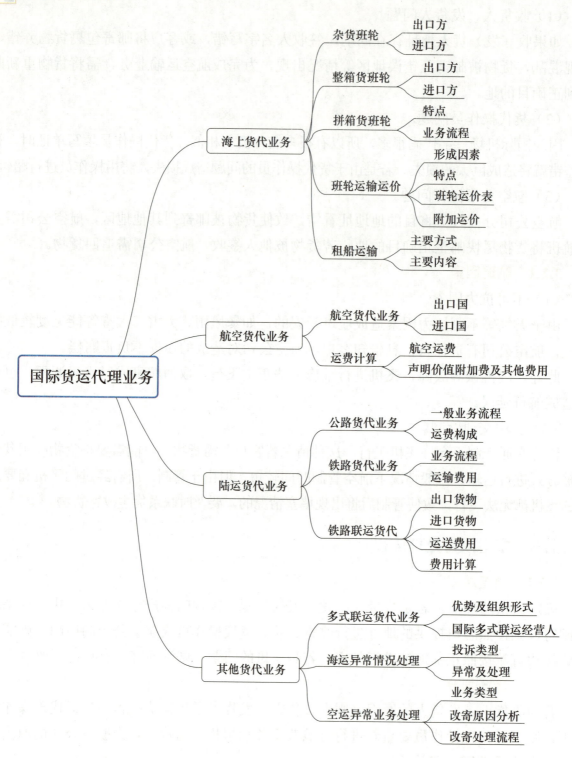

国际货运代理业务

- 海上货代业务
  - 杂货班轮
    - 出口方
    - 进口方
  - 整箱货班轮
    - 出口方
    - 进口方
  - 拼箱货班轮
    - 特点
    - 业务流程
  - 班轮运输运价
    - 形成因素
    - 特点
    - 班轮运价表
    - 附加运价
  - 租船运输
    - 主要方式
    - 主要内容
- 航空货代业务
  - 航空货代业务
    - 出口国
    - 进口国
  - 运费计算
    - 航空运费
    - 声明价值附加费及其他费用
- 陆运货代业务
  - 公路货代业务
    - 一般业务流程
    - 运费构成
  - 铁路货代业务
    - 业务流程
    - 运输费用
  - 铁路联运货代
    - 出口货物
    - 进口货物
    - 运送费用
    - 费用计算
- 其他货代业务
  - 多式联运货代业务
    - 优势及组织形式
    - 国际多式联运经营人
  - 海运异常情况处理
    - 投诉类型
    - 异常及处理
  - 空运异常业务处理
    - 业务类型
    - 改寄原因分析
    - 改寄处理流程

【实践任务】

选取海、陆、空货代业务实例，比较分析各业务之间的区别和联系，并分组完成经典实例的分析介绍。

项目 5
国际货运代理常用单证

【项目要求】

○ 了解国际货代常用单证的主要内容。

○ 熟悉常用单证之间的填制联系。

○ 掌握常用单证的审证工作要求。

【术语储备】

◇ 信用证 Letter of Credit，L/C

◇ 商业发票 Commercial Invoice

◇ 提单 Bill of Lading，B/L

◇ 航空运单 Air Waybill

【案例导入】

被拒付的货款

国外开来不可撤销信用证，证中规定最迟装运期为 2019 年 12 月 31 日，议付有效期为 2020 年 1 月 15 日。我方按证中规定的装运期完成装运，并取得签发日为 2019 年 12 月 10 日的提单。当我方备齐议付单据于 2020 年 1 月 4 日向银行议付交单时，银行以我方单据已经过期为由拒付货款。

问：银行的拒付是否合适？

任务 1　信用证和商业发票认知

在国际商品贸易中，使用最为频繁的单证主要包括三大类：官方单证、商业单证和货运单证。官方单证是指我国有关主管部门为了管理上的需要、规定某些单证需先由进出口单位报请主管机关审核批准后方予以签发的单证，包括进 / 出口许可证、进出口商

品检验证书、原产地证明书、普惠制产地证、进/出口报关单、报关委托书、转关货物运输准单、外汇核销单和出口退税单等。

商业单证是指进出口人根据贸易合同或信用证上的要求而制作的单证，包括信用证、商业发票、装箱单、保险单、受益人证明等。

货运单证是由托运人、承运人或其代理签发的单证，如订舱单、装货单、收货单、场站收据、提单、提货单、设备交接单、国际航空运单、国际多式联运运单等。

国际商业单证中的信用证、发票和装箱单与国际物流和货运代理业务联系最为紧密，在报关业务中是报关单填写的依据。

1　信用证

目前，国际贸易中最常用的支付方式有 T/T（电汇）和 L/C（信用证）。电汇是指付款人将一定款项交存汇款银行，汇款银行通过电报或电话传给目的地的分行或代理行（汇入行），指示汇入行向收款人支付一定金额的一种交款方式，现逐渐由电子汇款取代。

信用证是国际商品贸易中重要的商业单证，是目前广泛应用的国际贸易结算方式。不同银行开具的信用证格式有所不同，但其基本内容大致相同。在国际物流领域，信用证的部分内容是国际货代必须了解和关注的，它决定着国际运输是否可以转运，是否可以分运，决定着货物最晚何时装船，提单最晚何时签发等。信用证内容分析如表 5-1 所示。

表 5-1　信用证内容分析

项目名称	项目内容
27：SEQUENCE OF TOTAL（合计次序）	该信用证条款能全部容纳在 MT700 报文中，就填入"1/1"；如果由一份 MT700 报文和一份 MT701 组成，则在 MT700 中填入"1/2"，在 MT701 中填入"2/2"，依此类推
40A：FORM OF DOCUMENTARY CREDIT（信用证类别）	必须注明是"可撤销信用证"还是"不可撤销信用证"，若没有明示，则视为"不可撤销信用证"，原则上，银行只受理不可撤销信用证；IRREVOCABLE：不可撤销跟单信用证；REVOCABLE：可撤销跟单信用证；IRREVOCABLE TRANSFERABLE：不可撤销可转让跟单信用证；REVOCABLE TRANSFERABLE：可撤销可转让跟单信用证；IRREVOCABLE STANDBY：不可撤销备用信用证；REVOCABLE STANDBY：可撤销备用信用证；详细的转让条款应在项目"47A"中列明

项目名称	项目内容
20：DOCUMENTARY CREDIT NUMBER（信用证号码）	开证行开具跟单信用证的号码
31C：DATE OF ISSUE（开证日期）	开证行开具跟单信用证的日期，如 20190428；如果报文无此项目，那么开证日期就是该报文的发送日期
31D：DATE AND PLACE OF EXPIRY（到期日及地点）	最迟交单日期和交单地点，根据开证申请书填写，如 20180815 IN THE BENEFICIARY'S COUNTRY
51A：APPLICANT BANK（申请人银行）	开证行，即进口地银行
50：APPLICANT（开证申请人）	申请人名称及地址，又称开证人（opener），为信用证交易的发起人；一般为进口人，就是买卖合同的买方
59：BENEFICIARY（受益人）	一般为出口人，也就是买卖合同的卖方，信用证的收件人（addressee）；写明受益人名称及地址，他有按信用证规定签发汇票向所指定的付款银行索取价款的权利；在法律上以汇票出票人的身份对其后的持票人负有担保该汇票必获承兑和付款的责任
32B：CURRENCY CODE，AMOUNT（币别代号、金额）	根据交易金额填写，如 USD15 000
41D：AVAILABLE WITH BY（向……银行押汇，押汇方式为……）	根据申请书的相关内容，指定有关银行及信用证兑付方式，如 ANY BANK IN CHINA BY NEGOTIATION（可在中国任何银行押汇）；被授权对该证付款、承兑或议付的银行及该信用证的兑付方式；银行表示方法：当该项目代号为"41A"时，银行用 SWIFT 名址码表示。当该项目代号为"41D"时，银行用行名地址表示。如果信用证为自由议付信用证，那么该项目代号应为"41D"，银行用"ANY BANK IN…（地名/国名）"表示。如果为自由议付信用证，而且对议付地点也无限制，那么该项目代号应为"41D"，银行用"ANY BANK"表示；兑付方式表示方法：BY PAYMENT，即期付款；BY ACCEPTANCE，远期承兑；BY NEGOTIATION，议付；BY DEP PAYMENT，迟期付款；BY MIXED PYMT，混合付款；如果是迟期付款信用证，有关付款的详细条款将在项目"42P"中列明；如果是混合付款信用证，有关付款的详细条款将在项目"42M"中列明

项目名称	项目内容
42C：DRAFTS AT（汇票期限）	汇票付款期限； 如果是即期，填"AT SIGHT"或"SIGHT"； 如果是远期，参照申请书填写，如 AT 180 DAYS AFTER SIGHT
42A：DRAWEE（付款人）	汇票的付款人，通常是开证银行、信用证申请人或开证银行指定的第三者； 该项目内不能出现账号
43P：PARTIAL SHIPMENTS（分批装运）	分批装运是否允许； 填"ALLOWED"或"NOT ALLOWED"
43T：TRANSHIPMENT（转运）	货物转运是否允许； 填"ALLOWED"或"NOT ALLOWED"
44A：ON BOARD/DISP/TAKING CHARGE（由……装船 / 发运 / 接管）	装船、发运和接受监管的地点，即装运港
44B：FOR TRANSPORTATION TO（装运至……）	货物最终目的地
44C：LATEST DATE OF SHIPMENT（最迟装运日）	最迟装船、发运和接受监管的日期，参照申请书填写
45A：DESCRIPTION OF GOODS AND/OR SERVICES（货物描述及 / 或交易条件）	货物描述与价格条款，如 FOB、CIF 等，参照申请书内容填写 如： CANNED WHOLE MUSHROOMS 425G×24TINS/CTN CIF BOMBAY
46A：DOCUMENTS REQUIRED（应具备单据）	根据申请书填写，如果信用证规定运输单据的最迟出单日期，该条款应和有关单据的要求一起在该项目中列明 如： ＋ SIGNED COMMERCIAL INVOICE IN 5 COPIES INDICATING CONTRACT NO. 1101. ＋ FULL SET OF CLEAN ON BOARD BILLS OF LADING MADE OUT TO ORDER AND BLANK ENDORSED, MARKED "FREIGHT TO PREPAID HOWING FREIGHT AMOUNT". ＋ INSURANCE POLICY/CERTIFICATE IN 3 COPIES FOR 110% OF THE INVOIECE VALUE SHOWING CLAIMS PAYABLE IN CANADA CURRENCY OF THE DRAFT, BLANK ENDORSED, COVERING ALL RISKS, WAR RISKS. ＋ PACKING LIST/WEIGHT MEMO IN 6 COPIES INDICATING QUANTITY, GROSS AND WEIGHTS OF EACH PACKAGE

项目名称	项目内容
47A：ADDITIONAL CONDITIONS（附加条件）	附加条款，当一份信用证由一份 MT700 报文和一至三份 MT701 报文组成时，"45A""46A"和"47A"的内容只能完整地出现在某一份报文中（即在 MT700 或某份 MT701 中），不能被分割成几部分分别出现在几个报文中； 在 MT700 中，项目代号应分别为"45A""46A"和"47A"，在 MT701 中，应分别为"45B""46B"和"47B"
71B：CHARGES（费用）	根据申请书填写，只表示费用由受益人负担； 若无此项目，则表示除议付费、转让费外，其他费用均由开证申请人负担 如： ALL BANKING CHARGES OUTSIDE THE OPENING BANK ARE FOR BENEFICIARY'S ACCOUNT.
48：PERIOD FOR PRESENTATION（提示期间）	规定受益人应于 × 日前（或 × 天内）向银行提示汇票的指示，根据申请书要求填写 如： DOCUMENTS MUST BE PRESENTED WITHIN 21 DAYS AFTER DATE OF ISSUANCE OF THE TRANSPORT DOCUMENTS BUT WITHIN THE VALIDITY OF THIS CREDIT.
49：CONFIRMATION INSTRUCTIONS（保兑指示）	给收报行的保兑指示； CONFIRM：要求收报行保兑该信用证。MAY ADD：收报行可以对该信用证加具保兑。WITHOUT：不要求收报行保兑该信用证
57D：ADVISE THROUGH BANK（收讯银行以外的通知银行）	如有收讯银行以外的通知银行，填其名称

1.1　信用证当事人

开证申请人（Applicant）：又称开证人，一般为进口人，是信用证交易的发起人。

开证行（Opening Bank，Issuing Bank）：一般是进口地的银行，开具信用证后，承担第一付款责任。

通知行（Advising Bank，Notifying Bank）：一般为出口人所在地的银行，通常是开证行的代理行。仅承担通知收件人和鉴别信用证表面真实性的义务。

受益人（Beneficiary）：一般为出口人，是信用证的收件人（Addressee）和信用证的使用者。可以按信用证要求，签发汇票向付款行索取货款。

议付行（Negotiating Bank）：又称押汇银行、购票银行或贴现银行，作为善意持票人对出票人（受益人）具有追索权。议付可分为限制议付和自由议付。

保兑行（Confirming Bank）：应开证行请求在信用证上加具保兑的银行，通常由通知行兼任，承担必须付款或议付的责任。

付款行（Paying Bank，Drawee Bank）：又称受票银行，开证行一般兼任付款行。当使用第三国货币支付时，可委托代付行（Paying Bank Agent）代为付款。

偿付行（Reimbursing Bank）：信用证清算银行（Clearing Bank），是开证行的偿付代理人，有其存款账户。对代付行或议付行的索偿予以支付，不承担审核单证的义务，发现单证不符，可以追回付款。

1.2　信用证作用及种类

信用证能起到安全保证和资金融通的作用。对于卖方：只要提交符合信用证规定的单据，就可以得到货款，还可以单据为抵押打包贷款。对于买方：只要申请开证，交少量押金，货款可在单据到达后支付，减少资金占用，还可凭信托收据借单。对于银行：贷出信用，掌握物权单据，收取一定手续费和利息（议付行），利用开证申请人交付的押金进行资金周转，带动其他业务。

1.2.1　按是否随附货运单据划分

（1）跟单信用证（Documentary L/C）。

开证行凭跟单汇票或仅凭货运单据付款、承兑或者议付的信用证。目前，国际贸易中的绝大部分信用证使用的就是此类信用证。

（2）光票信用证（Clean L/C）。

开证行凭借不附单据的汇票付款的信用证，在国际贸易中可以起到预先支取货款的作用。

1.2.2　按是否可撤销划分

（1）不可撤销信用证（Irrevocable L/C）。

信用证一经开出，在有效期内即使开证申请人提出，未征得开证行、保兑行及受益人同意，不得修改也不能撤销。此类信用证可为受益人收款提供保障，在国际贸易中得到广泛使用。

（2）可撤销信用证（Revocable L/C）。

在议付之前，开证行可根据开证申请人要求，对所开信用证随时撤销和修改，不必征得受益人同意或事先通知受益人，但必须通知信用证的通知行，通知行收到有关通知后撤销才生效。这种信用证手续费用较低，但由于不能完全保证受益人利益，因此在国际上应用较少。

1.2.3　按有无银行保兑划分

（1）保兑信用证（Confirmed L/C）。

开证行开具的信用证，除开证行外，还有另一家银行保证对符合信用证条款规定的单据履行兑付责任。对信用证加保兑的银行称为保兑行。

（2）不保兑信用证（Unconfirmed L/C）。

未经其他银行保证兑付的信用证。通常情况下，除非开证行资信欠佳，或是规模较小，进口国有动乱等不利形势，否则无须保兑。保兑需要加收额外费用，所以一般情况下都是不保兑信用证。

1.2.4　按付款时间划分

（1）即期信用证（Sight L/C）。

根据信用证的规定，受益人可凭即期跟单汇票或仅凭货运单据收取货款的信用证，收汇安全迅速。

（2）远期信用证（Usance L/C）。

开证行或其指定付款行收到受益人交来的远期汇票后，并不立即付款，而是先承兑，等到汇票到期再付款。

1.2.5　按是否可转让划分

（1）可转让信用证（Transferable L/C）。

受益人（第一受益人）可将使用信用证的权利转让给其他人（第二受益人）。只能转让一次，但允许第二受益人将信用证重新转让给第一受益人。如果允许分批装运，则将信用证金额按若干部分分别转让给几个第二受益人（总和不超过信用证金额），该项转让的总和视为一次转让。

（2）不可转让信用证（Non-transferable L/C）。

受益人不能将信用证的权利转让给他人，凡信用证中未注明"可转让"字样者，即为不可转让信用证。

1.3　信用证条款

1.3.1　说明条款

开证日期（Date of Issue）是指开证银行开具信用证的日期。正常情况下，买方信用证最少应在货物装运期前15天（有时也规定30天）开到卖方手中，但在实际业务中，国外客户在遇到市场发生变化或资金短缺时往往拖延开证，因此出口商应经常检查开证情况。

信用证到期日和到期地点（Date and Place of Expiry）是指受益人必须在规定的到期日之前，在规定的地点办理结汇手续。由于跟单信用证需要随附提单、运单等货运单据，所以货代需要保证货运单据在此之前备妥，以保证受益人顺利结汇。

1.3.2　装运条款

装运期（Date of Shipment）条款对货代来说非常重要。货代在接受货主委托后要审核信用证，确定装运期并尽快安排货物装船。船公司签发的提单日期不能晚于装运期，否则货主将不能结汇。

分批装运是指将货主的货物分为几批运输，货代根据分批装运（Partial Shipments）条款确定如何租船订舱。

1.3.3　单据、货物说明条款

单据条款规定所需要提交的单据名称及份数。信用证一般要求提交商业发票、提单、汇票、装箱单、保险单、检验证书、原产地证明和受益人证明书等。

货物说明（Description of Goods）条款一般包括商品品名、品质、数量、包装、单价、价格术语，有时还包含合同号。

1.3.4　特别说明条款

特别说明（Special Instructions）是根据进口国政治、经济和贸易情况的变化或每一笔具体交易的需要而制定的特别规定，如溢短装条款、佣金条款、议付条款等。

2　商业发票

商业发票（Commercial Invoice）是所有结汇单据的核心单据，其范本格式如图 5-1 所示。商业发票的主要作用有五个方面：一是交易的合法证明文件；二是买卖双方收付货款和记账的依据；三是信用证结算式下的随附单据；四是装运货物的总说明，是缮制其他进出口单据的依据；五是买卖双方办理报关、纳税的计算依据。商业发票的主要内容也包括五个方面：一是发票当事人，即发票出票人（卖方）、买方和收货人；二是发票号码与签发日期、信用证号码与签发日期、交付与支付术语及其他相关说明；三是运输相关信息；四是货物相关信息；五是出票人签字。

ISSUER		**商业发票** **COMMERCIAL INVOICE**		
TO				
		NO.		DATE
TRANSPORT DETAILS		S/C NO.		L/C NO.
		TERMS OF PAYMENT		
Marks and Numbers	Number and kind of package Description of goods	Quantity	Unit Price	Amount
	TOTAL:			
SAY TOTAL:				

图 5-1　商业发票范本

其中，运输相关信息和货物相关信息是国际货运代理必须了解的内容。运输相关信息首先要明确离港时间，即运输工具离开时间，这是对货物装运期的要求，货物必须在此时间之前装运完毕，船舶在此时间之前离港。由于签发票时货物一般并未装船，因此这里一般记载预计离港时间（Estimated Date of Departure，ETD）。

在订立贸易合同时，买卖双方就租船订舱工作达成共识，并体现在贸易术语中。不管是买方或卖方租船订舱，船名及航次号（Vessel V. NO.）需要写到发票中。

对于起运港（From.）与到达港（To ...）相关的运输信息，一般表示为买卖双方指定的货物装运地港口和目的地卸货港口。

货物相关信息包括唛头、件数与包装种类、商品描述、商品数量、单价、总价和原产地等信息。这些信息是货运代理填写进出口报关单和相关运输单据的依据。

任务 2　国际海运常用单证认知

1　杂货班轮运输货运代理业务单证

1.1　出口方货运代理业务单证

托运联单是货运代理向承运人或其代理办理托运手续的单据，主要包括托运单、装货单和收货单，这几类单据的主要内容基本一致。承运人或其代理接受托运后在联单上签字盖章，并留底托运单，退回装货单和收货单。

1.1.1　托运单（Booking Note，B/N）

托运人根据贸易合同和信用证的规定向承运人提出运输要求的书面文件。船舶代理接受托运后将托运单留底，以备编制装货清单。

1.1.2　装货单（Shipping Order，S/O）

托运人办妥货物托运的证明，是承运人或其代理通知船方接受装运该批货物的指示文件，是托运人凭以向海关办理出口货物申报手续的主要单据之一，因此又被称为"关单"。

经承运人或其代理签字后货物才能报关，由海关签字盖章后货物才能装船，在货物装船时装货单由理货员签注日期、件数及舱位等内容并签字后，转交大副留底备查。装货单与托运单内容上的不同之处是有"理货员签字"一栏。

1.1.3　收货单（Mate's Receipt，M/R）

收货单又称大副收据，是船舶收到货物的收据及货物已经装船的凭证。货物装船时收货单同装货单一并由理货员交给大副，货物装船理货后大副核对装货并在收货单上签字。

大副签字后的收货单经理货员退还给货代，以此换取提单。收货单与装货单内容上的不同之处是有"大副签字"一栏。收货单根据是否有大副批注分为"清洁收货单"（Clean Receipt）和"不清洁收货单"（Foul Receipt），所谓大副批注即用以说明货物不良情况的记录，如标志不清、破损、锈损、水渍、数量短少等。

1.2　出口港船舶代理业务单证

1.2.1　装货清单（Loading List，L/L）

装货清单是船公司或代理人根据托运单，将同一船舶、航次的待装货物按卸货港和货物性质归类，以航次、靠港顺序排列编制的装货汇总单，其内容包括托运单编号、货名、件数、包装形式、毛重、估计尺码及特种货物对装运的要求或注意事项的说明等。装货清单是船上大副编制配载计划的主要依据，是港方安排装货、理货员进行理货的业务单据。

1.2.2　货物积载图（Cargo Plan，C/P）

货物积载图根据装货清单，用图示形式表示货物在船舱内的装载位置，使每一票货物都能形象具体地显示出其在船上的位置。货物积载图一般由大副或船长编制，若由船代编制，应由船长审核签认。

1.2.3　出口载货清单（Manifest，M/F）

出口载货清单又称出口舱单，是按照卸货港逐票列明全船载运货物的汇总清单。它是在货物装船完毕之后，由船公司或其代理根据收货单或提单编制的，主要内容包括船名、航次、装卸港、提单号、货物详细情况、托运人和收货人姓名、标记号码。载货清单是船代向海关办理船舶出口申报手续的单据之一，是卸货港安排卸货的依据。

1.2.4　载货运费清单（Freight Manifest，F/M）

货运代理按卸货港及提单顺序号逐票列明货物应收运费的明细表。载货运费清单的内容除载货清单记载事项外，还包括运费费率、运费、付款方式、提单批注等。

1.3　进口方货运代理业务单证

进口方货运代理凭提单向船代换取提货单，据此报关后向港口提货，并填写货物残损单、溢短单。因此，进口方货运代理所涉及的主要单证是提货单和货物残损单、溢短单。

1.4　进口港船舶代理业务单证

1.4.1　进口载货清单

进口载货清单又称进口舱单，是卸货港船舶代理根据出口港船舶代理寄交的提单副本和出口载货清单编制的卸货港货物汇总单据。进口载货清单是船代向海关办理船舶进口报关的单据之一，是卸货港安排卸货的依据。

1.4.2 提货单（Delivery Order，D/O）

收货人或其代理凭正本提单或副本提单随同有效的担保向承运人或其代理人换取可向港口装卸部门提取货物的凭证。提货单是货代向海关办理货物进口报关手续的单据之一。

1.4.3 货物残损单、溢短单

货物残损单是指卸货完毕后，理货员根据卸货过程中发现的货物破损、水湿、水渍、渗漏、霉烂、生锈、弯曲变形等情况记录编制的，证明货物残损情况的单据。

溢短单是指卸货完毕后，理货员发现卸货数量与载货清单不符而记录编制的，证明货物溢卸或短缺的单据。货物残损单和溢短单由理货员填写后交给理货组长和大副签字确认，作为承运人与货主之间索赔和理赔的依据。

2 整箱货班轮运输货运代理业务单证

2.1 出口方货运代理业务单证

2.1.1 场站收据（Dock Receipt，D/R）

场站收据是由托运人或其货运代理填制，是由承运人签发的，证明船公司已从托运人处接收了货物，并证明当时货物状态以及船公司对货物开始负有责任的凭证。

场站收据一式十联，具体作用和流转过程是：第一联（白色）用作托运人留底备查；第二联（白色）相当于杂货班轮中的订舱单 B/N，由承运人或其代理留底；第三、第四联（白色）是运费通知单联，由承运人或其代理留底；第五联（白色）相当于杂货班轮的装货单 S/O，承运人或其代理签章后退货代据以货物出口报关，海关签章后退货代据以向堆场交货装船，由堆场留底；第六联（浅红色）相当于杂货班轮的大副收据 M/R，当货物装船时与大副交接；第七联（黄色）是场站收据正本，俗称黄联，由堆场签发退还货代据以换取提单；第八联（白色）由货代留底备查；第九、第十联（白色）是配舱回单，是由船公司或其代理接受托运并配妥船舶舱位后退回给托运人的单据。

场站收据的主要内容有：场站收据编号（一般与提单号一致）；发货人、收货人、通知人名称及地址；前程运输、收货地点、装货港、卸货港、交货地点、目的地；船名及航次号；箱号、铅封号；唛头、箱数、货名、重量、体积、集装箱总数；运杂费、预付地点、预付总额、到付地点；正本提单份数、交接货方式、货物种类、签收地点、订舱确认等。

2.1.2 设备交接单（Equipment Interchange Receipt，EIR）

管箱单位（一般为承运人或其代理）委托集装箱装卸区、中转站或内陆站与用箱人（货主或其代理）之间交接集装箱及设备的凭证。它是由管箱单位签发给用箱人，据以向港区、场站领取或送还重箱或轻箱。

在集装箱出口业务中，设备交接单是货主或其代理领取空箱出场和运送重箱进场装船的交接凭证。设备交接单一式六联，第一、第二、第三联用于出场，印有"出场

OUT"字样；第四、第五、第六联用于进场，印有"进场IN"字样。

设备交接单的内容主要包括设备交接单号码；经办日期及经办人、用箱人、集装箱经营人；船名、航次、提单号（与装货单一致）；集装箱尺寸、类型及箱号（提取空箱箱号）；提箱点（空箱存放地点）、用箱点（货主或其代理装箱地点）和收箱点（出口船舶的港口作业区）；运箱工具（集装箱卡车车号）；出场目的（装箱）及状态（空箱）、进场目的（装船）及状态（重箱）、出场日期（空箱提取离场日期）及进场日期（重箱进入港区日期）；出场或进场记录，由用箱人及堆场经办人在交接空箱或重箱时记录箱体情况，用以分清双方责任。

2.1.3　集装箱装箱单（Container Load Plan，CLP）

集装箱装箱单详细记载了每一个集装箱内所装货物的名称、数量、包装种类、标志等货运资料和积载情况，是集装箱运输中记载箱内货物情况的唯一单证。装箱单以箱为单位制作，由装箱人填制并经装箱人签署后生效。

集装箱装箱单一般需要一式五联，在整箱货运输中，一般由货主填制集装箱装箱单，其主要内容包括：船名、船次、提单号；装港、卸港、收货地、交货地；集装箱号和规格、铅封号；唛头、货名（按从集装箱前部到后部的顺序填写）、件数与包装、重量、体积等货物相关信息；装箱人名称和地址、装箱日期及装箱人签名；集装箱驾驶员签名及集装箱车车号；码头收箱人签名及收箱日期等。

2.2　出口港船舶代理业务单证

2.2.1　集装箱预配清单（Preloading List）

集装箱预配清单是由船公司或其代理根据托运人或其代理的订舱单（即场站收据第二联），按集装箱堆场场地分类，将装船的各集装箱汇总编制而成的单据。其主要内容包括船名、航次、提单号、集装箱号和铅封号、集装箱类型、尺寸及数量、卸货港、目的港、备注（如果场站收据中列明危险品，需要在预配清单的备注标明，以使危险品集装箱配载在船舶合适的位置）等信息。

其作用体现在可由船舶代理送交码头堆场据以编制集装箱预配船图；预配清单上铅封号是空的，待货物装箱后由集装箱堆场将箱号和铅封号反馈给船公司或其代理，据以编制装货清单。

2.2.2　集装箱装货清单（Loading List，L/L）

集装箱装货清单是由船公司或其代理根据预配清单和装箱单，将一个航次所有计划装船的集装箱按目的港和货物性质归类汇总编制而成的单据。装货清单的内容主要有：箱号、铅封号、提单号、货名、货重、总重及备注等。其作用体现在集装箱入港和装船时，具体包括供港方安排港内作业；供船上和港方编制配载计划；供现场理货人员进行装货、理货，装货时主要核对所装集装箱的号码、铅封号、箱型、箱类等信息与装货清单是否一致；供承运人掌握装船货物明细，保证航行的安全性。

2.2.3　集装箱配载图（Stowage Plan）

集装箱配载图可分为预配图和实载图两种。预配图是装货前船、港双方根据航次货载情况和船舶具体情况所制定的积载计划；实载图则是按集装箱实际装船情况编制的舱图。集装箱配载图是船方进行货物运输、保管和卸货工作的参考资料，也是卸货时港方据以理货、安排工班和货物在港内堆放的依据。集装箱配载图由集装箱船各排每列和分层的横断构成，其编制主要借助 Power Stow、Smart Stow 等配载工具。

2.2.4　集装箱载货清单（Container Manifest）

集装箱载货清单又称集装箱出口舱单，是按卸货港顺序逐票列明全船实际载运集装箱及其货物的汇总清单。它是在集装箱装船完毕后由船公司或其代理编制而成（包括开航日期），并送交船长签字确认。其主要作用是船舶代理可据此办理船舶出口报关手续，寄送卸货港据以安排卸货工作。

2.2.5　载货运费清单（Freight Manifest，F/M）

载货运费清单又称集装箱运费舱单，由船公司或其代理在集装箱装船完毕后编制，其内容在载货清单基础上增加了运费率及运费支付方式等信息，是船代收取运费的证明。

2.3　进口方货运代理业务单证

进口方货运代理凭提单领取交货记录，据此第二联和装箱单报关后，向码头堆场提箱，并且需要凭设备交接单实现重箱出场及还空箱入场。因此，进口方货运代理涉及的主要单证包括交货记录、装箱单和设备交接单。

2.4　进口港船舶代理业务单证

2.4.1　集装箱进口舱单

集装箱进口舱单是卸货港船舶代理根据出口港船代寄交的提单副本和出口集装箱载货清单编制的卸货港货物汇总单据。进口舱单是船代向海关办理船舶进口报关的单据之一，是卸货港安排卸货的依据。

2.4.2　交货记录（Delivery Order，D/O）

在船舶抵港前，由进口港船舶代理依据舱单、提单副本等卸船资料预先制作的单据。交货记录一式六联：第一联（白色）是到货通知书；第二联（白色）相当于杂货班轮的提货单，收货人或其代理凭提单办理货物进口报关手续并向堆场提货；第三（蓝色）、第四联（红色）是费用账单；第五、第六联（白色）是交货记录。

第一联作为到货通知书送交收货人或其代理；收货人或其代理凭提单向船代换取交货记录第二至第六联；货物进口报关后，港区堆场受理提货业务并留存交货记录第二联作为放货依据；货代支付堆场相关费用后，堆场留存第三联并将第四联退给货代作为

收取费用的凭证；提货后，港区堆场和收货人分别在交货记录第五、第六联上盖章、签字，港区堆场收回第五联并将第六联退给货代。

3　拼箱货班轮运输货运代理业务单证

在出口业务中，拼箱货货代针对船公司或船舶代理作为整箱货托运人涉及的主要单证包括场站收据、设备交接单、集装箱装箱单；在进口业务中，作为整箱货收货人涉及的单证是交货记录，这是与整箱货班轮运输货运代理业务单证相同之处。不同之处在于拼箱货货代作为无船承运人必须签发无船承运人提单（分提单 H B/L）作为实际发货人结汇及实际收货人提货的凭证，而船公司提单（主提单 M B/L）作为拼箱货货代在进口港提箱的凭证。

出口国集装箱货运站向发货人签发分提单；船公司向集装箱货运站签发主提单；发货人通过结汇将分提单流转至收货人；出口国集装箱货运站将主提单寄交进口国集装箱货运站；进口国集装箱货运站凭主提单向船公司提取整箱；收货人凭分提单向进口国集装箱货运站提货。

4　提单

提单的定义最早出现在 1978 年的《汉堡规则》中，《中华人民共和国海商法》对提单的定义在《汉堡规则》基础上规定：提单是指用以证明海上货物运输合同和货物已经由承运人接收或者装船，以及承运人保证据以交付货物的单证。

4.1　提单的法律性质

4.1.1　货物运输合同的证明

提单是证明承运人和托运人之间存在海上货物运输合同，但其本身并不是合同。提单是托运单经承运人盖章后，又经货物报关、集港运输、装船完毕后，由承运人或船长签发的单证。因此，在班轮运输中，提单签发之前，承运人和托运人之间的运输合同已经存在。在租船运输中，租船运输合同已事先订立，然后才有货物报关、装船、签发提单等一系列作业。另外，提单只有一方签字，而不是双方当事人签字，因而提单不具备合同要求。

提单在一定程度上能作为承运人与托运人之间运输合同条款的证明。如果在签发提单前，承运人和托运人之间并无其他约定，且托运人在接受提单时又未提出任何异议，这时可将提单条款推定为合同条款的内容。但如果在签发提单之前，双方另有约定，且该约定又不同于提单条款的内容，则以该约定为准。换言之，如果承运人和托运人双方另有租船协议、订舱协议或其他协议，提单条款不能全部覆盖其内容，则提单不能证明运输合同的全部内容。

提单是承运人与善意的第三人之间的运输合同。当提单转让给善意的第三人（收货人或提单受让人）后，则提单可作为承运人与第三人之间的运输合同，承运人与托运人之间其他的约定对第三人不具有约束力。比如，托运人为获得清洁的提单而向承运人出具的保函对善意的第三人不具有法律效力。

4.1.2　表明货物已由承运人接管或装船的收据

承运人签发提单意味着承运人已经接收了提单项下的货物或者提单项下的货物已经装船。提单中对于货物的记载具有证据效力，但其效力在托运人、善意的收货人或提单持有人手中有所不同。

当提单在托运人手中时，它只是承运人已按提单所记载的情况收到货物的初步证据。也就是说，如果承运人有其他证据，如报关委托书、托运委托书、保函等证明其接收的货物与提单相关记载不符，则可能否定提单表面的证据效力。

当提单在善意的收货人或提单持有人手中时，提单上的货物记载具有绝对效力，即承运人提出的与提单记载内容不同的证据不被承认。

4.1.3　保证据以交付货物的物权凭证

提单代表提单项下货物的物权，合法持有提单的人拥有提单项下货物的物权，转让、交付提单就相当于转让、交付货物。正因为如此，提单才可以在国际贸易活动中进行流转或抵押。在理论界和司法界，对于提单具有物权凭证功能的认识是统一的。

承运人在目的港交付货物时，必须向提单持有人放货，即收货人必须凭正本提单才能提货。否则即使是真正的收货人，若不能递交正本提单，承运人也可以拒绝放货。这一结论基于提单作为物权凭证流转时的特征，即提单虽然可以通过背书转让发挥其流通功能，但后手没有优于前手的权利。

提单作为物权凭证有条件限制。一是提单在交付之前有效，即一份提单交付提货后，其余无效；二是若目的港货物逾期不提，承运人可依法对提单项下的货物行使处分权。

在实际货代业务中，还会有电放提单，是指托运人因某些原因要求承运人在目的港无须凭正本提单放货，而直接将货物交给指定收货人。在实际业务中电放提单具有一定的优势和便利性，但也隐藏着很大的风险，因此应谨慎使用。

4.2　提单的种类

4.2.1　按签发提单时货物是否已装船分类

（1）已装船提单（On Board B/L，Shipped B/L）。

已装船提单指承运人或其代理项托运人签发的货物已经装船的提单。提单除载明通常事项外，还需注明装运船舶的名称和货物实际装船完毕的日期，即提单的签发日期。人们通常所说的提单指的就是这种提单。

（2）备运提单（Received for Shipment B/L）。

备运提单又称待运提单，指承运人虽已收到货物但尚未装船，应托运人要求向其签发的提单。备运提单没有载明装运船舶的名称和装船日期，在跟单信用证支付方式下，

银行和进口商一般不接受这种提单。

4.2.2　按对货物外表状态有无批注分类

（1）清洁提单（Clean B/L）。

没有任何关于货物受损、包装不良等批注的提单。承运人签发清洁提单即证明承运人已完好无损地接收了提单项下的货物，故在目的港也必须将完好无损的货物交付收货人。正常情况下，向银行办理结汇时必须提交清洁提单。

（2）不清洁提单（Claused B/L，Foul B/L）。

标有货物表面状况受损或包装不良批注的提单。承运人通过批注声明货物装船的实际情况，在目的港交货时若发现货物损坏可归咎于批注的范围，则可减轻或免除赔偿责任。但是在正常情况下，银行会拒绝以这种提单办理结汇。因此在实践中，托运人为了顺利结汇，向承运人出具保函，并要求承运人签发清洁提单。

当然承运人凭托运人保函签发清洁提单存在一定的风险，因为承运人不能以保函对抗善意的第三方，如果发生货损或货差，则承运人需要先赔偿收货人的损失，再根据保函向托运人追偿赔款。而承运人向托运人追偿也存在困难，因为托运人经常会抗辩称货损、货差是承运人在运输中没有履行适当、谨慎地保管和照料货物的义务所致。不过尽管如此，实践中承运人接受保函的情况时有发生，前提是当事人拥有较高的商业信誉。

4.2.3　按提单的收货人抬头分类

（1）记名提单（Straight B/L）。

记名提单又称收货人抬头提单，是指在"收货人"栏内已具体填写"收货人名称"（to sb）的提单。记名提单所记载的货物只能由提单上特定的收货人提取，即承运人在目的港只能把货物交给提单上所指定的收货人。记名提单不得转让，可避免因转让而带来的风险，但同时也丧失了其代表货物可转让流通的便利性，并且有许多无单放货现象是在记名提单的情况下产生的。

（2）指示提单（Order B/L）。

在"收货人"栏内填写"凭指示"（To Order）或"凭某人指示"（To the Order of ...）字样的提单。指示提单按照指示人的表示方法不同，又分为托运人指示提单和记名指示提单。

托运人指示提单（To Order 或 To the Order of Shipper）是指受托运人指示的提单，记名指示提单（To the Order of ...）是指受记名指示人指示的提单。指示提单可通过背书进行转让，具有较强的灵活性和流通性，在国际物流业务中被广泛使用。

在实际货运代理业务中，背书有记名背书、指示背书和不记名背书等几种方式。记名背书也称完全背书，指背书人在提单背面写明被背书人（受让人）名称并签名；指示背书是指背书人在背面写明"凭某人指示"字样并签名；不记名背书也称空白背书，是指背书人在提单背面签名，但不记载任何受让人。

（3）不记名提单（Bearer B/L，Open B/L，Blank B/L）。

不记名提单也称空白提单，是指在"收货人"栏注明"提单持有人"（To Bearer）字样，或空白不填写任何人名称的提单。不记名提单无须背书即可转让，也就是说不记名提单由出让人交付受让人即完成转让，只有持有提单的人才有权提货。不记名提单流转简便，流通性极强。但如果提单遗失或被窃，以不正当方式落入第三人之手，则会造成货物冒领的风险。鉴于不记名提单的高风险性，在国际物流业务中极少应用。

4.2.4　按运输方式分类

（1）直运提单（Direct B/L）。

直运提单又称直达提单或单程提单，指中途不经换船而直接运达指定目的港的提单。直运提单上仅列有装运港和目的港的港口名称，不得有"转船"或"在某某港转船"等批注。在国际贸易中如信用证规定货物不准转船，卖方就只有取得承运人签发的直运提单才能向银行办理议付货款。

（2）转船提单（Transhipment B/L）。

转船提单指货物从起运港装载的船舶不直接驶往目的港，而需要在中途港换船转运至目的港卸货的提单。转船提单往往由第一程船的承运人签发，在提单上注明"转运"或"在某某港转船"字样。由于货物中途转船增加了转船费用和风险（整箱货被甩箱或拼箱货丢失等），并且影响到货时间，故一般信用证内均规定不允许转船，但对于直达船少或没有直达船的港口，买方也只能同意可以转船。

（3）多式联运提单（Multimodal Transport B/L）。

多式联运提单指货物由海上、内河、铁路、公路、航空等运输方式中两种或多种进行联合运输而签的适用于全程运输的提单。多式联运提单由第一程承运人或多式联运经营人签发。

4.2.5　按提单背面条款不同分类

（1）全式提单（Long Form B/L）。

全式提单又称繁式提单，是指除正面条款外，背面列有关于承运人、托运人及收货人权利、义务等详细条款的提单。

（2）简式提单（Short Form B/L，Simple B/L）。

简式提单又称短式提单或略式提单，是相对于全式提单而言的，指背面没有关于承运人、托运人及收货人的权利、义务等详细条款的提单。简式提单一般在正面印有"简式"（Short Form）字样以示区别，通常包括租船合同项下的提单和非租船合同项下的提单。

在租船运输中，船货双方已在租船运输合同中明确了双方的权利和义务，提单中注有"所有条件均根据某年某月某日签订的租船合同"或者"根据……租船合同开立"字样即可，它要受租船合同的约束。当出口商以这种提单交银行议付时，银行一般不愿接

受；只有在开证行授权可接受租船合同项下的提单时，议付银行才会同意，但往往同时要求出口商提供租船合同副本。

有些船公司为了简化提单备制工作，只签发给托运人一种简式提单（非租船合同项下的简式提单），而将全式提单留存，以备托运人查阅。这种简式提单通常列有如下条款："本提单货物的收受、保管、运输和运费等事项，均按本公司全式提单的正面、背面的铅印、手写、印章和打字等书面条款和例外条款办理。"

4.2.6　按商业惯例划分

（1）预借提单（Advanced B/L）。

预借提单指由于信用证规定的装运期和交单结汇期已到，但货主因故未能及时备妥货物或尚未装船完毕，或由于船公司原因船舶未能在装运期内到港装船，为了托运人能顺利结汇，应托运人要求而由承运人或其代理人提前签发的已装船提单。预借提单签发时货物并未装船完毕，因此这种提单掩盖了真实的装船情况，属于违规提单。

（2）倒签提单（Anti-dated B/L）。

倒签提单指由于货物装船完毕日期晚于信用证规定的装运期，为了托运人能顺利结汇，承运人应托运人的要求，在货物装船后签发的早于实际装船完毕日期的提单。倒签提单签发时货物已装船完毕，但提单注明的装船日期早于实际装船日期，因此这种提单掩盖了真实的装船情况，属于违规提单。

（3）顺签提单（Post-date B/L）。

顺签提单指为了符合信用证装运期的规定，在货物装船完毕后，承运人应托运人的要求，签发的晚于货物实际装船完毕日期的提单。顺签提单同样掩盖了真实的装船情况，属于违规提单。

4.2.7　其他特殊提单

（1）过期提单（Stale B/L）。

过期的原因可分为两种。一种是出口商收到提单后未能及时到银行议付，超过信用证规定期限才交到银行的提单。银行交单时间一般在提单签发日期之后 15 ～ 21 天，提单过期提交，银行将拒绝接受。但过期提单并非违规提单，提单持有人仍可凭此提货。

另一种是银行按正常邮程寄单，收货人在船到目的港之前没有收到的提单。这种情况常见于近邻国家之间的贸易，因运输路线短，提单传递的时间往往超过货物运输的时间，这就可能造成买方不能如期提货，从而造成不必要的损失，如仓储费支出、市场行情变化对货物价值的影响等。如果提单过期难以避免，则通常通过担保提货、电放提货、在信用证中附加保护性条款等办法解决。

（2）舱面货提单（On Deck B/L）。

舱面货提单又称甲板货提单，指货物装于露天甲板上时，承运人签发的注明"装于舱面"字样的提单。货物积载于甲板承运时遭受灭失或损坏的可能性很大，除商业习惯允许装于舱面的货物（如木材）、法律或有关法规规定必须装于舱面的货物（如易燃、易爆、剧毒、体积大的货物和活牲畜）、承运人和托运人之间协商同意装于舱面的货物（如舱位不够，但托运人执意托运）外，承运人或船长不得随意将其他任何货物积载于舱面承运。否则货物一旦灭失或损坏，承运人不但要承担赔偿责任，而且将失去享受的赔偿责任限制的权利。

　　如果签发的是舱面提单，那只要货物的灭失或损坏不是承运人故意行为造成，则承运人可以免责，因此买方和银行一般都不愿意接受舱面提单。值得注意的是，对于集装箱运输，装于舱面的集装箱是"船舱的延伸"，与舱内货物处于同等地位，即不论集装箱是否装于舱面，提单都不记载"On deck"或"Under Deck"字样。

4.3　提单的内容

　　提单作为现代国际贸易和海上货运的重要单证之一，贯穿从贸易合同签订到贸易货款支付，从货物运输到货物交付的整个过程。提单的范本格式如图 5-2 所示。

BILL OF LADING

1)SHIPPER	10)B/L NO.
	CARRIER
2)CONSIGNEE	**C O S C O**
	中国远洋运输（集团）总公司
3)NOTIFY PARTY	CHINA OCEAN SHIPPING (GROUP) CO.

4)PLACE OF RECEIPT	5)OCEAN VESSEL	
6)VOYAGE NO.	7)PORT OF LOADING	*ORIGINAL*
8)PORT OF DISCHARGE	9)PLACE OF DELIVERY	Combined Transport BILL OF LADING

11)MARKS	12) NOS. & KINDS OF PKGS.	13)DESCRIPTION OF GOODS	14) G.W.(kg)	15) MEAS(m3)

16)TOTAL NUMBER OF CONTAINERS
　　OR PACKAGES(IN WORDS)

FREIGHT & CHARGES	REVENUE TONS	RATE	PER	PREPAID	COLLECT

PREPAID AT	PAYABLE AT	17)PLACE AND DATE OF ISSUE
TOTAL PREPAID	18)NUMBER OF ORIGINAL B(S)L	21)
19)DATE	LOADING ON BOARD THE VESSEL 20)BY	中国外轮代理公司上海分公司

LOADING ON BOARD THE VESSEL

中国外轮代理公司上海分公司
CHIINA OCEAN SHIPPING AGENCY,SHANGHAI BRANCH
章建国
FOR THE CARRIER NAMED ABOVE

中国外轮代理公司上海分公司
CHIINA OCEAN SHIPPING AGENCY,SHANGHAI BRANCH
章建国
FOR THE CARRIER NAMED ABOVE

图 5-2　提单范本

4.3.1　提单正面记载内容

（1）托运人（Shipper）。

一般要求填写托运人，即运输合同当事人完整的姓名和地址，如"Shipper，Full Style and Address"或"Shipper，Complete Name and Address"。

（2）收货人（Consignee）。

如是记名提单，则在此栏填上具体的收货公司或收货人名称及地址；如是指示提单，则填为"指示"（Order）或"凭指示"（To Order）或"凭托运人指示"（To Order of Shipper）或"凭某人指示"（To the Order of ...）；如是不记名提单，则在"收货人"栏标注"提单持有人"（To Bearer）或空白不填写。

（3）通知人（Notify Party）。

船公司在货物到达目的港时发送到货通知的收件人。在信用证项下的提单，如信用证上对提单被通知人有具体规定，则必须严格按信用证要求填写，包括其完整名称和地址。如果是记名提单或收货人指示提单，且收货人又有详细地址，则此栏可以不填或填写"Same As Consignee"。如果是空白指示提单或托运人指示提单或不记名提单，则此栏必须填列通知人名称及详细地址，否则船方无法与收货人联系，从而收货人无法及时报关提货。

（4）装货港（Port of Loading）、卸货港（Port of Discharge）。

如是直达运输，则直接填写实际装船港口和实际卸船港口的具体名称。如果是转船运输，则第一程提单上的卸货港填转船港，收货人填第二程船公司；第二程提单上装货港填上述转船港，卸货港填最后目的港。如是联运，则在联运提单上"卸货港"栏填写最终目的港，并列明第一和第二程船名及转运港。

（5）提单号（B/L No.）。

一般列在提单右上角，以便于工作联系和查核。发货人向收货人发送装船通知时，要列明船名和提单号码。

（6）船名（Ocean Vessel）。

不仅需要填写船舶名称，还必须注明航次，如"eemsg v.a209"。如果是已装船提单，在签发时就必须填写这一项；如果是备运提单，则在货物实际装船完毕后补填。

（7）承运人（Carrier）。

运输合同的当事人，填写该项可方便收货人通过提单知道谁是承运人。在"承运人"栏填写承运人完整名称及其地址。尽管一般提单已印有船公司名称及地址，但这一项一定要填写。

（8）唛头（Mark and Number）。

唛头又称运输标志，它通常是由一个简单的几何图形和一些字母、数字及简单的文字组成，其作用在于使货物在装卸、运输、保管过程中容易被有关人员识别，以防错发、错运。其主要内容包括收货人代号、发货人代号、目的港（地）名称等。有的运输标志还包括原产地、合同号、许可证号和体积与重量等内容。运输标志的内容繁简不一，由买卖双方根据商品特点和具体要求商定。信用证有规定的必须按规定填列，否则可按发票上的唛头填列。

（9）货物包装种类及件数（Number and Kind of Packages）。

实际包装的种类及件数，如 200 木箱、80 集装箱、1 000 纸箱、500 袋等。在信用证项下，货物运输包装的种类及件数的填写必须与信用证上规定的一致。

（10）货物名称、毛重（Gross Weight）、尺码。

必须与信用证上规定的一致。除信用证另有规定外，一般以千克为单位列出货物的毛重，以立方米为单位列出货物体积。

（11）运费和费用。

一般分为预付（Freight Prepaid）或到付（Freight Collect）。CIF 或 CFF 出口时，由卖方租船订舱并支付运费，需填上"运费预付"字样，否则收货人因运费问题提不到货。FOB 出口时，买方租船订舱并支付运费，需填写"运费到付"字样，除非收货人委托发货人垫付运费。

（12）提单的签发日期和地点、份数（Place and Date of Issue）。

全部货物实际装船完毕的日期，不能早也不能晚，否则变成顺签提单或倒签提单。提单签发地点是货物装船地点，一般为装货港。提单分为正本提单和副本提单。正本提单一般有三份，应注明"Original"字样，收货人提交一份正本提单提货，其他两份即失效。副本提单应注明"Copy"字样，用于日常业务，不具有法律效力。

（13）提单签发人签字或盖章。

提单必须由承运人或船长或其代理签发，并应明确表明签发人身份。一般表示方法有"Carrier""Captain""As Agent for the Carrier""Signed for and on Behalf of Carrier"。

4.3.2 提单正面印刷条款

（1）确认条款。

承运人表示在货物或集装箱外表状况良好的条件下，接受货物或集装箱，并同意承担按照提单所列条款将货物或集装箱从装货港运往卸货港、把货物交付给收货人的责任的条款。

（2）不知条款。

承运人表示没有适当的方法对所接受的货物或集装箱进行检查，所有货物的重量、尺码、标志、品质等都由托运人提供，并不承担责任的条款。但是"不知条款"并不一定有效。

（3）承诺条款。

承运人表示承认提单是运输合同成立的证明，承诺按照提单条款的规定承担义务和享受权利，而且要求货主承诺接受提单条款制约的条款。由于提单条款是承运人单方拟定的，所以该条款也称代拟条款。

（4）签署条款。

承运人表明签发提单（正本）的份数，各份提单具有相同效力，其中一份完成提货后其余各份自行失效，提取货物必须交出经背书的一份提单以换取货物或提货单的条款。

4.3.3　提单背面印刷条款

提单背面印刷条款主要包括两大类：一类是强制性条款，即条款内容不能违反有关国际公约、国内法律或港口的规定，违反或不符合这些规定的条款无效；另一类是任意性条款，即国际公约、国内法律或港口规定中没有明确规定，允许承运人自行拟定的条款。

所有这些条款规定了承运人与货方之间的权利、义务和责任豁免，是双方当事人处理议时的主要法律依据。各船公司的提单背面条款繁简不一、数目不同，但主要条款大同小异。

（1）首要条款（Paramount Clause）。

首要条款是用以明确提单所适用法律的条款，即明确如果发生纠纷应按哪一法律法规进行裁决。这一条款印在提单条款的上方，通常为第一条。

（2）定义条款（Definition Clause）。

定义条款是对提单有关用语的含义和范围做出明确规定的条款，主要是对承运人、托运人等关系人加以限定。

（3）承运人责任条款（Carrier's Responsibility Clause）。

承运人责任条款用以明确承运人承运货物过程中应当承担的责任和义务。由于首要条款已规定了提单所使用的法律法规（如《海牙规则》），而法律法规中也已明确承运人的责任和义务，因此凡有首要条款的提单都不在此条款中明示承运人责任。

（4）承运人责任期限条款（Duration of Liability）。

承运人责任期限条款规定承运人对货物灭失或损害承担赔偿责任的期间。《海牙规则》规定承运人负责货物从装上船舶起至卸离船舶为止的责任，即"钩至钩"责任。

随着集装箱运输的开展以及门到门服务的拓展，上述规定很显然与实际做法不相适应。并且在实际业务中，一些船公司为了争揽货源也会将责任期间向两端延伸，并将延伸责任期间列到提单条款中。为此，《汉堡规则》将承运人责任期间扩大为"包括在装货港、运输途中、卸货港，货物在承运人掌管下的全部时间"。

（5）索赔条款（Claim Clause）。

索赔条款包括损失赔偿责任限制、索赔通知期限及诉讼时效。损失赔偿责任限制指已明确承运人对货物的灭失和损坏负有赔偿责任应支付赔偿金时，承运人对每单位货物支付的最高赔偿金额。索赔通知期限指发出货物灭失或损坏通知的期限。诉讼时效指索赔事件提起诉讼的最终期限。

（6）运费和其他费用、条款。

运费规定为预付的应在装船时一并支付，到付的应在交货时一并支付。当船舶和货物遭受任何灭失或损失时运费仍应照付，否则承运人可对货物及单证行使留置权。

提单背面条款还包括转船条款、留置权条款、动植物和舱面货条款、危险品条款、卸货与交货条款、共同海损与救助、管辖权等。

4.4　无船承运人提单

无船承运人提单（House B/L）又称货代提单或分提单，是相对于船公司提单即主提单（Master B/L）而言，是指具有无船承运人资格的货代企业向其客户签发的依法在我国交通运输部登记的提单。该提单可以应用在散杂货班轮和整箱货班轮运输中。

为了节省运费，简化手续，无船承运人将不同托运人发到同一目的港的零星货物或少量集装箱集中在一套提单上托运。由于船公司只能签发给无船承运人一套船公司提单，故托运人不能分别取得提单，只能由无船承运人向各托运人签发无船承运人提单。如果不集中托运，无船承运人也可以签发无船承运人提单，然后将船公司提单转交给托运人，只不过这种情况下无船承运人提单可能不被银行接受。

无船承运人提单在拼箱货班轮运输业务中应用最为广泛。由于船公司只能给无船承运人签发一套整箱货提单，因此各拼箱货托运人无法得到船公司提单，必须由无船承运人向各托运人签发无船承运人提单。

为防止无船承运人滥用、冒用他人提单，避免无船承运人的欺诈行为，保护托运人和收货人的利益，《中华人民共和国国际海运条例》第 7 条规定：经营无船承运业务，应当向国务院交通主管部门办理提单登记，并交纳保证金。《中华人民共和国国际海运条例实施细则》进一步明确：无船承运业务经营者申请提单登记时，提单抬头名称应当与申请人名称相一致。提单抬头名称与申请人名称不一致的，申请人应当提供说明该提单确实为申请人制作、使用的相关材料，并附送申请人对申请登记提单承担承运人责任的书面声明。

登记提单发生变更的，应当在新的提单使用之日起 15 日前将新的提单样本格式向交通运输部备案。提单登记已成为货代申请无船承运人资格的必要条件。

任务 3　国际空运常用单证认知

1　国际货物托运书

1.1　国际货物托运书的含义及作用

国际货物托运书（Shipper's Letter of Instruction）是托运人委托承运人或其代理

人（航空货运代理）填开航空货运单的一种表单。表单上列有填制航空货运单所需的各项内容，因此国际货物托运书填写的正确与否，将直接影响航空运单的填写是否正确。

国际货物托运书由托运人填写并加盖公章，并应印有授权于承运人或其代理人代其在航空货运单上签字的文字说明。国际货物托运书是托运人委托航空货运的依据，是货代填制航空货运单的依据，是货代与托运人结算费用的依据。国际货物托运书是一份非常重要的法律文件。

1.2　国际货物托运书的内容

（1）托运人账号（Shipper's Account No.）：本栏填写托运人的银行账号，用于结算费用。

（2）托运人姓名及地址（Shipper's Name and Address）：本栏填写托运人的姓名、详细地址（街名、城市名称、国名）以及便于联系的电话号码、电传号或传真号。

（3）收货人账号（Consignee's Account No.）：本栏填写收货人的银行账号，用于结算费用。

（4）收货人姓名及地址（Consignee's Name and Address）：本栏填写收货人的姓名、详细地址（街名、城市名称、国名）以及便于联系的电话号码、电传号或传真号。由于航空货运单不能转让，因此本栏内不得填写"Order"（凭指示）或"To Order of the Shipper"（凭托运人指示）等字样，也不能空白不填。

（5）另请通知（Also Notify）：除收货人之外，如果托运人还希望在货物到达的同时通知其他人，在这一栏填写通知人的全名和详细地址。

（6）代理人的名称和城市（Issuing Carrier's Agent Name and City）：航空货运代理的名称和地址。

（7）始发站（Airport of Departure）；本栏填写始发站机场的全称。

（8）到达站（Airport of Destination）：本栏填写始到达站机场的全称。

（9）要求的路线／申请定舱（Requested Routing/requesting Booking）：本栏在航空公司安排运输路线时使用，但如果托运人有特别要求，也可填入本栏。

（10）托运人的声明价值（Shipper's Declare Value）：本栏填写对每批货物在交货时特别声明的价值，主要有以下两种。

供运输用的声明价值是《华沙公约》对承运人自身疏忽或故意造成的货物损坏、残缺或延误规定了最高赔偿责任限额，为货物毛重每千克不超过 20 美元或其等价货币。如果货物价值超出了此价值，托运人需向承运人声明货物的价值，并支付声明价值附加费；否则不需要声明价值。若无须声明价值，则本栏空着不填或填写 NVD（No Value Declared）字样。

供海关用的声明价值用于海关征税，即海关根据此栏所填数额征税。若未办理此声明价值，则填写 NCV（No Commercial Value）字样。

（11）保险金额（Amount of Insurance）：本栏填写国际航空货物的保险金额。中国民航各空运企业暂未开展国际航空货物运输代理保险业务，本栏可空着不填。

（12）所附文件（Document To Accompany Air Waybill）：本栏填写随附航空货运单运往目的地的文件名称，如发票、装箱单、托运人的动物证明等。

（13）处理事项（Handing Information）：本栏填写货物外包装上的标记或操作要求等。

（14）件数和包装方式（Number and Kind of Packages）：本栏填写该批货物的总件数并注明包装方式，如包裹（Package）、纸板盒（Carton）、盒（Case）、板条箱（Crate）、袋（Bag）、卷（Roll）等。如货物没有包装，则填写散装（Loose）。

（15）实际毛重（Actual Gross Weight）：本栏内的重量由承运人或航空货运代理称重后填入。如托运人已填写，则承运人或航空货运代理必须复核。

（16）计费重量（Chargeable Weight）：本栏内的重量由承运人或航空货运代理测量出货物尺寸、计算出计费重量后填入。如托运人已填写，则承运人或航空货运代理必须复核。

（17）货物品名及数量（包括体积及尺寸）[Nature and Quantity of Goods（Incl. Dimensions or Volume）]：本栏填写货物的品名、数量和尺寸。若一批货物中有多种品类，则分别填写。危险品应填写适用的准确名称及标贴的级别。

（18）托运人签字（Signature of Shipper）：托运人必须在本栏内签字。

（19）日期（Date）：本栏填写托运人或其代理人交货的日期。

（20）其他所有项目均由承运人或航空货运代理确定相关事宜后填入。

2 航空货运单

航空货运单（Air Waybill）是由托运人或者以托运人名义填制，承运人或其代理在收到货物、接受托运后签发给托运人的货物收据，是托运人与承运人之间所订立的航空运输合同的证明。根据《统一国际航空运输某些规则的公约》（简称《华沙公约》）的规定：航空运单应当由托运人填写。由于填写航空货运单必须具有一定的专业知识，因此在航空货运业务操作中托运人通常以国际货物托运书的形式授权航空公司或航空货运代理代为填写。航空货运单必须由承运人签字方能生效，承运人责任也从此时开始，直到在目的站向收货人交付货物时为止。

2.1 航空运单分类

根据航空货运单的签发人不同，分为航空主运单和航空分运单；根据航空货运单的样式不同，可分为有出票航空公司标志的货运单和无承运人任何标志的中性货运单；根

据承运货物的种类不同，可分为单一种类货物运输和不同种类货物的集中运输；根据运输行程不同，可分为单程货物运输和联程货物运输。

由航空运输公司签发的航空货运单称为航空主运单（Master Air Waybill，MAWB），它是航空运输公司据以办理货物运输和交付的依据。每批航空运输的货物都有自己相对应的航空主运单。

在办理集中托运业务时，由航空货代签发的航空运单称为航空分运单（House Air Waybill，HAWB）。因此，在集中托运业务中，既有航空公司签发的以货代为托运人的航空主运单，又有货代签发给实际托运人的航空分运单。

2.2 　航空货运单的性质及作用

2.2.1 　运输合同的证明

航空货运单是航空货物运输合同订立的初步证据，即航空货运单本身并不是运输合同，而是运输合同的证明。航空货运单与其他证据（装箱单、报关单、发票等）一起构成航空运输合同体系。如果在履行合同时其他证据与航空货运单的证明方向不一致，但证明效力高于航空货运单，则航空运输合同的认定以其他证据为主。

2.2.2 　接收货物的收据

航空货运单是承运人签发的已接收货物的证明，也是货物收据。在发货人将货物发运后，承运人或货运代理就会将一联航空货运单交给发货人，作为已经接收货物的证明。除非另外注明，它是承运人收到货物并在良好条件下装运的证明。

2.2.3 　不具有物权凭证的性质

航空货运单不是物权凭证，即持有航空货运单并不能说明拥有货物所有权。因此收货人在目的站提货不是凭航空货运单，而是凭航空公司发出的提货通知单。也正因如此，航空货运单是一种不可议付的单据，不可转让、流通或抵押。

2.2.4 　运费结算凭证

航空货运单记载了费用类别、运费支付方式和运费金额，因此是承运人据以核收运费的账单。对于预付运费，航空货运单是在发货人缴纳运费的前提下签发的；对于到付运费，航空货运单是在收货人缴纳运费的前提下交付给收货人的。因此，航空货运单是运费结算的凭证。

2.2.5 　报关单证之一

无论是货物出口报关还是进口报关，航空货运单都是向海关报关的单据之一，其他单据有发票、装箱单、报关单等。如果是集中托运货物，一般用航空主运单进行集中报关。

2.3 　航空货运单的组成及内容

航空货运单每套有 3 份正本和至少 6 份副本，具体各联作用及颜色如表 5-2 所示。

表 5-2　航空货运单各联作用及颜色

联次		作用	颜色
正本	第一联	承运人留存	浅绿色
	第二联	收货人留存	浅粉色
	第三联	托运人留存	浅蓝色
副本	第四联	收货人提取货物的收据	浅黄色
	第五联	目的站机场留存	白色
	第六联	第三承运人留存	
	第七联	第二承运人留存	
	第八联	第一承运人留存	
	第九联	航空货代留存	
额外副本	若干	供承运人使用	

　　航空货运单后上方有"不可议付"（Not Negotiable）字样，并有签单人名称。如果是有出票航空公司标志的货运单，则航空公司名称或标志直接印在上面；如果是中性货运单，则将航空公司名称写在上面。航空货运单的主要格式内容如图 5-3 所示。

　　（1）航空货运单号码（The Air Waybill No.）。

　　航空货运单号码由两部分组成，前 3 个数字是航空公司代码（中国国际航空公司代码为 999，加拿大航空公司代码为 018 等）；后 8 个数字是货运单序号及检验号（最后一位）。航空公司代码与货运单序号之间用"-"隔开，序号前 4 个数字与后 4 个数字相隔一个字符，如"999-1234 5678"。货运单号码出现在货运单左、右上角以及右下角，如果是有出票航空公司标志的货运单，货运单号码直接印上；如果是中性货运单，则需自行填写。

　　（2）托运人栏。

　　托运人姓名及地址（Shipper's Name Address）：详细填写托运人的姓名、地址以及联系方式。托运人账号（Shipper's Account Number）：准确填写托运人的银行账号。

　　（3）收货人栏。

　　收货人姓名及地址（Consignee's Name and Address）：详细填写收货人的姓名、地址以及联系方式。因为航空货运单不可转让，所以"凭指示"之类的字样不得出现。收货人账号（Consignee's Account Number）：准确填写收货人的银行账号。

　　（4）航空货运代理栏。

　　航空货运代理名称和城市（Issuing Carrier's Agent Name and City）：填写航空货运代理的姓名及所在城市。航空货运代理代码（Agent's IATA Code）：填写货运代理的国际航协码（7 位数字）如"32-19743"，实务中本栏一般不填。货运代理账号（Account No.）：填写供与承运人结算的货代银行账号，实际业务中一般不填。

Shipper's Name and Address	Shipper's Account Number	
		Copies 1, 2 and 3 of this Air Waybill are originals and have the same validity.
Consignee's Name and Address	Consignee's Account Number	It is agreed that the goods described herein are accepted for carriage in apparent good order And condition （except as noted） and SUBJECT TO THE CONDITIONS OF CONTRACT ON THE REVERSE HEREOF. ALL GOODS MAY BE CARRIED BY AND OTHER MEANS INCLUDING ROAD OR ANY OTHER CARRIER UNLESS SPECIFIC CONTRARY INSTRUCTIONS ARE GIVEN HEREON BY THE SHIPPER. THE SHIPPER'S ATTENTIONIS DRAWN TO THE NOTICE CONCERNING CARRIER'S LIMITATION OF LIABILITY. Shipper may increase such limitation of liability by declaring a highe r value for carriage and paying a supplemental charge if required.
Issuing Carrier's Agent Name and City 承运人代理名称和城市		Accounting Information 结算注意事项
Agent's IATA Code	Account No.	现金、支票、旅行证号、原运单号
Airport of Departure （Addr. of First Carrier） and Requested Routing		

To 目的地	By First Carrier Routing and Destination 第一承运人（全称或代码）	To 第二中转站（代码）	By 第二承运人代码	To	By	Currency 币种	CHGS Code 支付方式	WT/VAL		Other		Declared Valuefor Carriage	Declared Value for Customs
								PPD	COLL	PPD	COLL		
Airport of Destination		Flight/Date	For carrier Use OnlyFlight/Date			Amount of Insurance	INSURANCE -If Carrier offers insurance, and such insurance is (20A) requested in accordance with the conditions thereof, indicate amount (20B) to be insured in figures in box marked "Amount of Insurance".						

Handing Information 操作信息（仓储或运输中的注意事项）

（For USA only） These commodities licensed by U.S. for ultimate destination ....Diversion contrary to U.S. law is prohibited (21A)

No. of Pieces RCP	Gross Weight	Kg lb	Rate Class	Chargeable Weight	Rate/Charge	Total	Nature and Quantity of Goods (incl. Dimensions or Volume)
			Commo dity Item No.				

Prepaid	Weight Charge	Collect	Other Charges
Valuation Charge（声明价值附加费）保价费			
	Tax		
Total other Charges Due Agent			Shipper certifies that the particulars on the face hereof are correct and that insofar as any part of theconsignment contains dangerous goods, such part is properly described by name and is in proper condition for carriage by air according to the applicable Dangerous Goods Regulations.
Total other Charges Due Carrier			
			.... Signature of Shipper or his Agent
Total Prepaid	Total Collect		
Currency Conversion Rates	CC Charges in Dest. Currency		.... Executed on （date） at （place） Signature of Issuing Carrier or its Agent
For Carrier's Use only at Destination	Charges at Destination	Total Collect Charges	

图 5-3　航空货运单范本

（5）机场及航线栏。

始发站机场及所要求的航线［Airport of Departure（Addr. of Frist Carrier）and Requested Routing］：实务中一般仅填写始发站机场的名称或其 IATA 三字代号。

目的站机场（Airport of Departure）：填写目的站机场的名称或其 IATA 三字代号。如果是联程运输，则"To"栏中分别填写第一、第二、第三中转机场名称或其 IATA 三字代号，"By"栏填写第一、第二、第三承运人名称或其 IATA 两字代号。

航班及日期（Flight/Date）：填入货物所搭乘航班号及日期。

（6）财务说明（Accounting Information）。

财务说明主要内容包括付款方式，如现金或支票等；支付方式，如预付或到付；货到目的地无法交付而被退运时，将原运单号填在新运单的本栏中。

（7）货币与费用栏。

货币（Currency）指始发国的货币代号，如 CNY（人民币），USD（美元），HKD（港元）。运费代码（CHGS code）：本栏一般不需要填写。

运费及声明价值附加费（WT/VAL）：WT（Weight Charge）指计费重量乘以适用运价计算出的运费，VAL（Valuation Charge）指声明价值附加费。

杂费（Other Charges）指在始发站的其他费用。PPD（Prepaid）表示预付，在"PPD"栏用"PP"表示；COLL（Collect）表示到付，在"COLL"栏用"CC"表示。需要注意的是，运费与声明价值费的支付方式必须一致。

（8）声明价值、保险金额与处理事项栏。

供运输用声明价值（Declared Value for Carriage）、供海关用声明价值（Declared Value for Customs）、保险金额（Amount of Insurance）、处理事项（Handling Information）都与国际货物托运书填写一致。

（9）货物描述栏。

货物件数和运价组合点（No. of Pieces RCP）：填入货物总包装件数。

RCP（Rate Combination Point）指运价组合点，当需要组成比例运价或分段相加运价时，此栏填入运价组合点机场的 IATA 代码。

毛重（Gross Weight）：承运人或货运代理对实际货物过磅后填入货物总毛重。重量单位为千克（代号为 K）或磅（代号为 L）。

计费重量（Chargeable Weight）：本栏由承运人或航空货运代理量出货物尺寸，计算出计费重量后填入。

（10）运价等级（Rate Class）。

填入运价等级代码。

（11）商品代码。

使用指定商品运价时，需要在此栏填写商品代码（Commodity Item No.）；使用等

级货物运价时，此栏填写附加或附减运价的百分比。

（12）运价 / 运费（Rate/Charge）。

如果运价等级是 M，填写起码运费值；如果运价是 C、N、Q，填写实际计费的运价；如果运价等级是 S、R，本栏填写附加或附减后的运价。

（13）运费总额（Total）。

如果运价等级是 M，则此栏填写起码运费值；如果运价等级是其余几种，则本栏填写实际运费值，即运价与计费重量数值的乘积。

（14）货物的品名、数量［Nature and Quantity of Goods（incl. Dimensions or Volume）］。

货物的尺码应以厘米或英寸为单位，尺寸分别以货物最长、最宽、最高边为基础。体积则是上述三边的乘积，单位为立方厘米或立方英寸。

（15）到付与预付费用值栏。

运费（Weight Charge）、声明价值附加费（Valuation Charge）、税款（Tax）、支付给货代的其他费用（Total Other Charges Due Agent）、支付给承运人的其他费用（Total Other Charges Due Carrier）分别写到对应的预付（Prepaid）和到付（Collect）栏中。最后汇总所有预付费用之和（Total Prepaid）和所有到付费用之和（Total Collect）。

（16）其他费用（Other Charges）。

其他费用指除运费和声明价值附加费以外的其他费用。

（17）用目的国家货币付费栏。

货币兑换比价（Currency Conversion Rate）：填写目的站国家货币代号及兑换比率。

用目的站国家货币到付费（CC Charges in Destination Currency）是按照货币兑换比率，把所有到付费用之和（Total Collect）换算成目的站国家货币到付的费用总额。

在目的站费用（Charges at Destination）指最后承运人在目的站发生的费用。

到付费用总额（Total Collect Charges）是将 CC Charges in Destination Currency 栏值与 Charges at Destination 栏值相加。

（18）托运人签字栏（Signature of Shipper or his Agent）。

托运人签字栏说明托运人已接受航空货运单背面的承运条款。

（19）承运人签单栏。

Executed on（date）表示签单时间（日期），按照日月年顺序填写本批货物的实际装运日期，如 "01JAN 2020"；Executed at（place）表示签单地点，填写装运机场或城市的全称或缩写；承运人或其代理人的签字（Signature of Issuing Carrier or its Agent）栏，航空公司或货代在此签字并说明其身份。

任务 4　国际陆运常用单证认知

1　国际货协运单

国际货协运单即国际铁路货物联运运单，由《国际货协》参加国铁路统一制定使用，是国际铁路货物联运最重要的文件。国际货协运单是发运国铁路代表所有参加运送货物的各国铁路同发货人缔结的运送合同，对铁路方、收发货人都具有法律效力。

1.1　国际货协运单的构成及流转

国际货协运单由五联构成：第一联是运单正本，随同货物至到达站，同第五联和货物一起交给收货人；第二联是运行报单，随货物至到达站，留存在到达路；第三联是运单副本，在发运站加盖发运章后交给发货人；第四联是货物交付单，随同货物至到达站，并留存在到达站；第五联是货物到达通知单，随同货物至到达站，并同第一联和货物一起交给收货人。另外，每一过境铁路需加制一份不带编码（运单号）的补充运行报单，由过境铁路留存。

1.2　国际货协运单的内容及填写

国际货协运单由发货人、发站、海关和铁路（发运路、过境路、到达路）负责填写。国际货协运单的工作语是中文和俄文，运单必须用工作语的一种和本国语同时填写。

1.2.1　由发货人填写的内容

（1）发货人：填写发货人名称或单位名称及其详细地址。

（2）合同号：填写贸易合同号。

（3）发站：填写发站全称，如是专用线或专用铁道，则在发站名称后加括号注明专用线和专用铁道名称。

（4）发货人特别声明：填写到达国和通过国货运代理名称，边境口岸代理名称；如果是参加路向未参加路发货，填写国境站办理转运的代理、中途转运站收转代理及到达站实际收货人的名称和详细地址；如修改运单，注明修改内容并签字；如运送家庭用品而不声明价格，则填写"不声明价格"并亲笔签字；如绕路运送超限货物，要填写绕行路径等。

（5）收货人：填写收货人名称或单位名称及其详细地址。

（6）对铁路方无约束效力的记载：发货人在本栏填写货物的相关记载，仅供收货人参考，铁路方对此不承担任何义务和责任。

（7）通过国境站：填写发送国的出口国境站、进口国的进口国境站，如货物从中国阿拉山口口岸出境，从哈萨克斯坦多斯特科口岸进境，则填写"阿拉山口—多斯特科"。如果涉及过境国，还应填写过境国的进出口国境站，如货物从中国（二连浩特口岸）过境蒙古国（扎门乌德口岸），再从蒙古国（苏赫巴托口岸）出境运至俄罗斯（纳乌什基口岸），则填写"二连浩特—扎门乌德"以及"苏赫巴托—纳乌什基"。

（8）到达路和到站：斜线之前填写到达路简称，斜线之后填写到达站全称及代号，如"俄铁／新西伯利亚 850609"。

（9）记号、标记、号码：填写每件货物上的标记号和集装箱上的箱标记号。

（10）包装种类：填写货物的包装种类。集装箱货注明"集装箱"字样，并在下方以括号形式注明箱内货物包装种类。

（11）货物名称：必须按照《国际货协》的规定填写货物的名称。

（12）件数：填写一批货物的数量。如果是集装箱货物，注明集装箱数，并在下方以括号形式注明所有集装箱内货批总件数；如果是敞车类货车运送不盖篷布而未加封的整车货物，总件数超过 100 件时，不注明货物件数，只注明"堆装"字样；如果是整车运送小型无包装制品，也不注明货物件数，只注明"堆装"字样。

（13）发货人确定的货物重量：填写货物的总重。集装箱货物或托盘货物，需分别填写货物重量、集装箱或托盘自重以及总重。

（14）共计件数：填写货物件数（大写）或"堆装"字样，集装箱货物只填写所有集装箱内货批总件数。

（15）共计重量：填写货物总重量（大写）。

（16）发货人签字：签字并加盖发货人章。

（17）互换托盘：我国暂不办理托盘运输，本栏可不填。

（18）种类、类型：运送集装箱货物时使用，填写集装箱种类（大吨位）及类型（20 m 或 40 m）。

（19）所属者及号码：运送集装箱货物时使用，填写集装箱所属者（中铁箱、俄铁箱、货主自备箱）和号码（SZDU291029-8）。

（20）发货人负责下列过境铁路费用：填写由发货人负担过境路费用的过境路简称（如俄铁），并填写由发货人委托的支付过境路费用的货代名称、付费编码和本车货物付费码。如发货人不负担过境路费用，则填写"无"字样。

（21）办理种别：指整车、零担或大吨位集装箱，填写方法是划掉不属于的种别。

（22）由何方装车：由发货人或铁路装车，不需要者画掉；如无画掉标记，视为发货人装车。

（23）发货人添附文件：注明发货人在运单上添附的所有文件。我国外贸出口货物必须添附出口货物明细单、出口货物报关单和出口许可证（国家规定的指定商品）。如发货人未在运单上添附上述文件，则需在本栏中注明"无须添附各上述文件"。发货人还需根据货物性质及合同要求添附品质证明书、检验检疫证书、装箱单等文件。

（24）货物的声明价格：填写以瑞士法郎（1 瑞士法郎＝5.2 元人民币）表示的货物价格（大写）。需要填写声明价格的货物有金、银、白金及其制品、宝石、贵重毛皮及其制品、摄制的电影片、画、雕像、艺术制品、古董、家庭用品。家庭用品也可以不声明价格，但必须在"发货人特别声明"栏内注明"不声明价格"并签字证明。如果托运人愿意，其他货物也可声明价格。声明价格即被认为加入国际货物保价运输，需要缴纳保价费用。

（25）批号：填写国际货协运单号，中国铁路不采用。

1.2.2　由海关填写的内容

海关记载：由海关记载相关事宜，并在货物报关后加盖海关监管章。

1.2.3　由发货人或发站填写的内容

根据装车人和车辆施封人是发货人或发站，由装车人和车辆施封人填写。

（1）车辆：填写车种、车号和车辆所属铁路简称。

（2）标记载重：填写车辆上记载的标记载重量。

（3）轴数：填写车辆的轴数。

（4）自重：填写车辆上记载的自重。

（5）封印个数与记号：封闭型货车装运后，在车门上施封。填写封印个数及记号，记号即封印印文，包括车站名称、封印号码（施封年月日）、铁路局简称（或发货人简称）。发货人委托铁路代封时，应注明"委托铁路施封"字样。

（6）确定重量方法：注明确定货物重量的方法，如"丈量法""按标准重量""用轨道衡""用 1/10 均衡器"和"用 1/100 均衡器"等。

1.2.4　由铁路方填写的内容

其余各栏根据填写内容由发运路、过境路和到达路填写。

2　国际公路货运代理业务单证

国际公路货物运单是国际公路货物运输合同的证明，是承运人接收货物或货物已装上运输工具的证明。但与海运提单不同，与航空货运单和铁路联运运单相同，公路货物运单不具有物权凭证的性质，因此不能转让，抬头只能是记名收货人，货物到达目的地后承运人通知运单抬头人提货。

2.1　CMR 运单

CMR 运单是《CMR 公约》下的运单。《CMR 公约》全称为《国际公路货物运输合同公约》（Convention on the Contract for the International Carriage of Goods by

Road），由联合国欧洲经济委员会草拟，于 1956 年 5 月 19 日生效，其宗旨是统一国际公路运输单证和承运人责任。欧洲 30 多个国家以及蒙古国、俄罗斯、哈萨克斯坦等国家加入了该公约，并使用 CMR 运单从事国际公路运输业务。

CMR 运单正本一式三联，第一联交发货人，第二联随货同行交收货人，第三联由承运人留存。当待装货物装运在不同车内时，发货人或承运人有权要求对每辆车签发运单；当一辆车中装运不同种类货物或数票货物时，可以针对每种货或每票货签发运单。

2.2　我国国际道路货物运单

我国没有加入《CMR 公约》，根据我国《国际道路运输管理规定》，我国使用的国际公路货物运输单证是国际道路货物运单，由我国省级国际道路运输管理机构或其委托的口岸国际道路运输管理机构发放，一车一单，在规定期限内往返一次有效。运单文字用中文和相应国家文字印制。

国际道路货物运单一式四联，第一联由承运人留存，第二联在发运国内陆海关，第三联在发运国出境地海关，第四联随车携带。如果是过境运输，可印制六至八联的运单，供过境海关留存。

3　国际多式联运单据

国际多式联运单据（Multimodal Transport Document，MTD）是指证明多式联运合同及多式联运经营人接管货物并负责按照合同条款交付货物的单据。

国际多式联运单据一般分为可转让的和不可转让的两种形式。可转让的国际多式联运单据通常称为国际多式联运提单，一般用于第一程为海运的多式联运业务。不可转让的多式联运单据通常称为多式联运运单，一般用于第一程为陆运或空运的多式联运业务，它与可转让的多式联运单据最大的区别在于不具有流通性，因此收货人一栏必须是记名的。

3.1　国际多式联运单据的性质

国际多式联运单据与海上运输提单的性质和作用基本一致。

3.1.1　多式联运合同的证明

从国际多式联运业务流程可见，在多式联运经营人接受托运时即与托运人签订多式联运合同。签发多式联运单据是多式联运经营人履行合同的一个环节，因此多式联运单据不是运输合同，而只是运输合同的证明。

3.1.2　多式联运经营人接管货物的收据

多式联运经营人向托运人签发多式联运单据，表明多式联运经营人已从托运人手中接管货物，并开始对货物负责。

3.1.3 收货人提取货物的凭证

收货人在目的地必须凭多式联运单据正本才能换取提货单，也就是说多式联运经营人只能把货物交付给多式联运运单持有人。

3.1.4 物权凭证

可转让的多式联运单据具有物权凭证的作用，托运人可凭多式联运单据向银行结汇，收货人可以凭此单向多式联运经营人提货，也可以作为有价证券流通买卖、转让或办理抵押等。不可转让的多式联运单据与公路运单、铁路运单和航空运单一样，不具有物权凭证的作用。

3.2 国际多式联运单据的内容

国际多式联运单据不仅应反映多式联运合同的内容和证明货物的情况，而且应适应不同运输方式和集装箱运输的实际需要。多式联运单据的内容是否准确、清楚、完整，对保证货物的安全运输、正常交接和责任划分有十分重要的意义。

单据的内容主要包括发货人的名称和地址、收货人及通知人的名称和地址、多式联运经营人的名称和地址、多式联运经营人接管货物的日期和地点、多式联运经营人交付货物的日期（或期限）和地点、货物的品类和外表状况、运费支付方式及金额的说明、有关运输线路和转运地点的说明、签发多式联运单据的日期和地点、多式联运经营人签字及双方商定的其他事项等。

3.3 国际多式联运单据的流转

在实际业务中，多式联运单据和各区段实际承运人运单的缮制大多由多式联运经营人在各区段的分支机构或代理负责，多式联运经营人主要充当全面控制和发布必要指示的角色。多式联运经营人起运地分支机构或代理编制并签发全程多式联运单据，一般为一式四份，包括一份正本、三份副本。正本交给发货人结汇，收货人付款赎单后据以向多式联运经营人目的地分支机构或代理办理提货手续。三份副本中的一份交付多式联运经营人留底备查，其余两份寄送目的地分支机构或代理，用于核对收货人的正本单据并交付货物。

任务 5 进出口货物报关报检单证

进出口货物报关单是指进出口货物的收发货人或其代理，按照海关规定的格式对进出口货物的实际情况做出的书面申请，以此要求海关对其货物按适用的海关制度办理报关手续的法律文书。进出口货物报关单按照进出口状态分为进口报关单和出口报关单，

按照表现形式分为纸质报关单和电子数据报关单。

1　进出口货物报关单

1.1　报关单填制的基本要求

（1）如实申报。

报关员必须依照《中华人民共和国海关法》《中华人民共和国海关进出口货物申报管理规定》和《中华人民共和国海关进出口货物报关单填制规范》，向海关如实申报，报关单的填写要实事求是，不能伪造。

（2）单证相符、单货相符。

报关单各栏目内容必须与贸易合同、发票、装箱单、提货单或装货单等随附单据数据相符；同时，应与实际货物情况相符。

（3）准确、完整、清楚。

报关单内容必须逐项填写，做到完整不漏项；必须准确填写，填错需要更正的，必须在更正项目上加盖校对章；必须清楚填写，不得用铅笔或红色复写纸填写。

（4）分单填报原则。

不同批文或不同贸易合同的货物、同一批货物中不同贸易方式的货物、不同备案号的货物、不同提运单的货物、不同征免性质的货物、不同运输方式或相同运输方式但不同航次的货物等，均应分单填报。

1.2　报关单填制的内容规范

尽管出口报关单和进口报关单内容有所差别，但很多内容的填制基本相同。报关单的范本格式如图5-4所示。

（1）预录入编号：指预录入单位录入报关单的编码，用于申报单位与海关之间引用其申报后尚未接受申报的报关单。预录入编号由海关决定编号规则，由计算机自动打印。

（2）海关编号：指海关接受申报时给予报关单的18位顺序编号，一般与预录入编号相同，由计算机自动打印，无须手写。18位数字中前4位表示海关编号，第5—8位表示海关接受申报的公历年份，第9位是进出口标志，后9位表示报关单顺序编号。

（3）进（出）口口岸：特指货物申报进口口岸/出口口岸的海关名称。填报时必须填写口岸海关名称及代码。海关名称与代码指国家对外公布并已编入海关"关区代码表"的海关中文名称及代码（4位码）。

中华人民共和国海关出口货物报关单

预录入编号：   海关编号：

出口口岸		备案号		出口日期		申报日期	
经营单位		运输方式		运输工具名称		提运单号	
发货单位		贸易方式		征免性质		结汇方式	
许可证号		运抵国(地区)		指运港			境内货源地
批准文号		成交方式	运费		保费		杂费
合同协议号		件数	包装种类		毛重(千克)		净重(千克)
集装箱号		随附单据				生产厂家	
标记唛码及备注							

项号	商品编号	商品名称、规格型号	数量及单位	最终目的国(地区)	单价	总价	币制	征免

税费征收情况

录入员	录入单位	兹声明以上申报无讹并承担法律责任	海关审单批注及放行日期(签章)	
报关员			审单	审价
单位地址		申报单位(签章)	征税	统计
邮编 电话		填制日期	查验	放行

图 5-4　报关单范本

（4）进（出）口日期：指运载所申报货物的运输工具办结手续进出境的日期。填报时，"出口日期"栏为空，免予填报，因为本栏供海关打印报关单证明联用。"进口日期"栏填写 8 位数字，顺序为年（4 位）、月（2 位）、日（2 位）。

（5）申报日期：特指海关接受申报的日期，而非报关员发出申报动作的日期。以电子数据报关单方式申报的，申报日期为海关计算机系统接受申报数据时记录的日期；以纸质报关单申报的，申报日期为海关接受纸质报关单并对报关单进行登记处理的日期。一般情况下，进口货物的申报日期不得早于进口日期；出口货物的申报日期不得晚于出口日期。

（6）经营单位：专指对外签订并执行进出口贸易合同的我国境内企业、单位或个人。填报时必须同时填写经营单位名称及编码，只填名称或编码都是错误的。经营单位编码由 10 位数字构成：第 1、第 2 位为省、自治区、直辖市；第 3、第 4 位为省辖市；第 5 位表示经济区（1—经济特区，2—经济技术开发区，3—高新技术产业开发区，4—保税区，5—出口加工区，6—保税港区，7—物流园区，9—其他）；第 6 位表示进出口企业经济类型（1—有进出口权国有企业，2—中外合作企业，3—中外合资企业，4—外商独资企业，5—集体企业，6—私有企业，7—个体工商户，8—有报关权但没有进出口

权的企业，9—其他）；第 7 位至第 10 位为顺序编号。

（7）收 / 发货单位：发货单位是指出口货物在境内的生产或销售单位，包括有外贸进出口经营权的自行从境外进口货物的单位（经营单位）和委托有外贸进出口经营权的企业进口货物的单位；收货单位是进口货物在境内的最终消费、使用单位，包括有外贸进出口经营权的自行出口货物的单位（经营单位）和委托有外贸进出口经营权的企业出口货物的单位。如果收 / 发货单位是有外贸进出口经营权的自行出 / 进口货物的单位，则收 / 发货单位与经营单位一致；如果是委托有外贸进出口经营权的企业出 / 进口货物的单位，则收 / 发货单位与经营单位不一致。当收 / 发货单位与经营单位一致时，则收 / 发货单位栏填报单位编码；反之，则填写其中文名称。

（8）运输方式：专指海关规定的运输方式，与国际物流运输方式有所不同。填报时填写运输方式名称或代码。对于一般货物来说，海关规定的运输方式名称及代码有：江海运输—2；铁路运输—3；汽车运输—4；航空运输—5；邮递运输—6；其他运输—9（如人扛、畜驮、输水管道、输油管道、输电网等）。出口货物按运离我国的最后一个口岸填报，进口货物按运抵我国关境的第一个口岸填报。

（9）运输工具名称：指运输方式对应的运输工具的种类名称或运输工具的编号。填报时写运输工具（名称或编号）及航次号，两者之间用"/"隔开。

（10）提运单号：提单号是承运人签发的提单编号；运单号是铁路运输、公路运输及航空运输方式下承运人签发的货运单编号。

（11）运抵、最终、起运与原产国（地区）：应按海关规定的《国别（地区）代码表》填报国别（地区）的中文名称或代码，非中文名称的翻译成中文名称填报。

在出口报关单中，运抵国是指在未与任何中间国发生任何商业性交易的情况下，货物被出口国所发往的或最后交付的国家；最终目的国指出口货物最后交付的国家。在进口报关单中，起运国是指在未与任何中间国发生任何商业性交易的情况下，把货物发出并运往进口国的国家；原产国指进口货物的生产、开采或加工制造的国家。

若有以下两种情况之一，四个国别（地区）的确认有所不同。第一种情况：货物直接运抵或中转但不发生买卖关系时，运抵国（地区）与最终目的国（地区）相同，起运国（地区）和原产国（地区）相同。第二种情况：货物中转且发生买卖关系时，运抵国和起运国为发生买卖关系的第三国。

（12）指运港 / 装货港及境内货源地 / 境内目的地：出口报关单中的指运港也称最终目的港，指最终卸货的港口；进口报关单上的装货港专指进口货物在运抵我国关境前的最后一个装运港。"指运港"栏和"装货港"栏填报港口中文名称或代码，非中文名称的翻译成中文名称填报。

指运港或装货港有所不同。当货物直接运抵时，指运港即最终目的国的卸货港口，装货港即在原产国实际装货的港口。当货物中转（不论中转港是否发生买卖关系）运抵时，指运港仍是最终目的国的卸货港口，装货港不是原产国实际装货的港口，而是最后一个中转的港口。

（13）成交方式：中国海关规定的"成交方式代码表"中所指定的成交方式，与贸易术语中的含义并非完全相同。报关单中的 FOB、CFR、CIF 等不仅局限于水路，而可以是任何运输方式。

（14）运费：指报关单中所含全部货物的运费。按运费率填报，直接填报运费率的数值，运费率标记为"1"，免填；按运费单价填报，填报形式是"币制代码/运费单价数值/运费单价标记"，运费单价标记为"2"，表示每吨货物运费单价；按运费总价填报，填报形式为"币制代码/运费总价数值/运费总价标记"，运费总价标记为"3"。

（15）保费：指报关单中全部国际货物运输保险费用。按保费率填报，直接填写保费率的数值，保费率标记"1"免填；按保费总价填报，填报形式是币制代码/保费总额/保费总价标记，保费总价标记为"3"。

（16）杂费：指成交价格以外的，应计入完税价格或应从完税价格中扣除的费用，如手续费、佣金、折扣等费用。应计入完税价格的杂费为正值，应从完税价格中扣除的杂费为负值。"杂费"栏有两种填报方法：按杂费率填报，直接填入杂费率数值，杂费率标记"1"免填；按杂费总价填报，填报形式为"币制代码/杂费数值/杂费总价标记"，杂费总价标记为"3"。

（17）件数：指有外包装的单件进出口货物的实际件数。货物可以单独计数的一个包装称为一件。若为裸装、散装货物，"件数"栏填报"1"；若有关单据中仅列明托盘件数，或既列明托盘件数又列明单件包装件数，则"件数"栏填报托盘件数；若有关单据仅列明集装箱个数，则"件数"栏填报集装箱个数；若有关单据既列明集装箱个数，又列明托盘件数和单件包装件数，则"件数"栏填报托盘件数。

（18）包装种类：应与件数对应，按照"包装种类代码表"填写包装的名称或代码（木箱—1、纸箱—2、桶装—3、散装—4、托盘—5、包—6、裸装货物/件装/集装箱及其他7）。若有两种包装，则"件数"栏填报总件数，"包装种类"栏填报"其他"。

（19）重量：包括毛重与净重，在装箱单、提运单中都有体现。毛重与净重以千克计，不足 1 千克填报"1"；若超过 1 千克且非整数，则小数点后保留 4 位，第 5 位及以后略去。

（20）集装箱号：指在每个集装箱体两侧标识的全球唯一编号，如 EASU9809490。其组成规则是：箱主代号（3 位字母）+设备识别号"U"+顺序号（6 位数字）+校验码（1 位数字）。填报时应填写："集装箱号"/"规格"/"自重"。需要注意两点：一是当货物为非集装箱货物时，此栏填报"0"；二是当有多个集装箱时，此栏填报第一个集装箱，其余集装箱依次填在"标记唛码及备注"栏中。

（21）随附单据：此栏不填报发票、装箱单、装货单/提货单、贸易合同等，仅填报除进出口许可证外的其他监管单证，如原产地证明等。应填写"监管证件代码：监管证件编号"。若有多个监管证件，则其中一个写在"随附单据"栏，其他写在"标记唛码及备注"栏。以原产地证明为例，其填报方法如下。对于优惠贸易协定项下的出口货物，"随附单据"栏填报"原产地证明代码和编号"。对于优惠贸易协定项下的进口货物，若原产地证书实行联网管理，则"随附单据"栏填报"原产地证明代码：优惠贸易协定代码"；若原产地证书未实行联网管理，则"随附单据"栏填报"原产地证明代码：优惠贸易协定代码：需证商品序号"。

（22）生产厂家/用途：生产厂家即出口货物的境内生产企业名称，必要时本栏目手工填写。用途指按海关规定的"用途代码表"填报相应的用途名称或代码。

（23）标记唛码及备注：专指货物的运输标志，由一个简单的几何图形和一些字母、数字及简单的文字组成，即发票或提运单中的"Shipping Marks"或"Marks & No."。备注中填报多余的"集装箱号"、多余的"监管证件代码及编号"、关联报关单号、关联备案号以及其他申报时必须说明的事项。

（24）关联报关单号：与本报关单有关联的，同时在海关业务管理规范方面又要求填报的报关单的海关编号；关联备案号指与本报关单有关联的，同时在海关业务管理规范方面又要求填报的备案号。

（25）备案号：指经营进出口业务的企业在向海关办理加工贸易合同备案或征、减、免税审批备案等手续时，由海关给予加工贸易手册、征免税证明或其他有关备案审批文件的编号。一份报关单只允许填报一个备案号，无备案审批的报关单，本栏目免予填报。

（26）贸易方式：以国际贸易中进出口货物的交易方式为基础，结合海关对进出口货物监督管理综合设定的对进出口货物的管理方式，即海关监管方式。"贸易方式"栏填报贸易方式简称或代码，代码由4位数字构成。

（27）征免性质：指海关根据《中华人民共和国海关法》《中华人民共和国进出口关税条例》及国家有关政策对进出口货物实施的征、减、免税管理的性质及类别。征免性质共有40多种，一份报关单只允许填报一种征免性质，涉及多个征免性质的，应分单填报。本栏填报征免性质简称或代码。

（28）结汇方式/征税比例：进口报关单中，"征税比例"栏现已不需填报。出口报关单中，结汇方式是出口货物发货人或其代理人收结外汇的方式，填报时，按"结汇方式代码表"填写相应的结汇方式名称、代码或英文缩写。

（29）许可证号：由10位号码组成，如"06-AA-101888"。第1、第2位表示年份，第3、4位表示发证机关（AA—部级发证，AB、AC—特派员办事处发证，01、02—地方发证），后6位为顺序号。

（30）批准文号：指出口收汇核销单上的编号。进口货物免于填报。

（31）合同协议号：指发票中的"Contract No."。此栏填报合同协议的全部字头和号码，如"ABCD-1002"。

（32）项号：申报货物在报关单中的商品排列序号。一张纸质报关单最多可打印 5 项商品，可另外附带 3 张纸质报关单，因此一份纸质报关单最多打印 20 项商品。一张电子报关单共有 20 栏，超过 20 项商品时必须接续填报另一份纸质报关单。

（33）商品编码：指按《中华人民共和国海关进出口税则》确定的进出口货物的编号，有 8 位税则号列。

（34）商品名称、规格型号：分两行填报，第一行填报进出口货物的中文名称（可加原文），第二行填报规格型号。一般商品名称与规格型号在发票的"Description of Goods"栏有具体的描述。

（35）数量及单位：指进出口货物的实际数量和计量单位。计量单位分为海关法定计量单位和成交计量单位，海关法定计量单位又分为海关法定第一计量单位和海关法定第二计量单位。填报时分三行填报，海关法定第一计量单位及数量在第一行，海关法定第二计量单位及数量在第二行，成交计量单位及数量在第三行。

（36）单价、总价：如非整数，保留小数点后 4 位，第 5 位及以后略去。

（37）币制：填报币制名称、代码或符号。

（38）征免：指对进出口货物进行征、减、免税或特案处理的实际操作方式。按"征减免税方式代码表"填写征免方式的名称及代码。

2　出入境货物检验检疫单证

2.1　出入境货物报检单填制的一般要求

企业在提交书面报检单的同时，必须向检验检疫机构发送电子数据，且必须确保书面报检单和电子数据信息完全一致。报检单必须按所申报的进出境货物实际内容填写。填写内容必须与随附单证相符，填写必须完整、准确、真实，不得涂改，对无法填写的栏目或无此项内容的栏目，统一填写"×××"。

填制完毕的报检单必须加盖报检单位公章或已经向检验检疫机构备案的"报检专用章"，报检人应在签名栏手签，不能由他人代签。

对于填制完毕的报检单，在发送数据和办理报检手续前必须认真审核，检查是否有错填、漏填的栏目，所填写的各项内容必须完整、准确、清晰，不得涂改。

2.2　"入境货物报检单"的填制内容

报检员要认真填写"入境货物报检单"，内容应按合同、外国商业发票、提单、运单上的内容填写。各栏目的主要内容和填写规范如下。

（1）编号：15 位数字由检验检疫机构受理报检员填写。前 6 位为检验检疫机构代码；第 7 位为入境货物报检类代码"1"；第 8、第 9 位为年度代码，如 2020 年为 20；第 10 位至第 15 位为流水号。实行电子报检时，该编号可在电子报检受理回执中自动生成。

（2）报检单位（加盖公章）：填写报检单位的全称，并加盖报检单位公章或已经向检验检疫机构备案的"报检专用章"。

（3）报检单位登记号：填写报检单位在检验检疫机构备案或注册登记的代码。

（4）联系人：填写报检人员的姓名。电话：填写报检人员的联系电话。

（5）报检日期：指检验检疫机构实际受理报检的日期，由检验检疫机构受理报检员填写。

（6）收货人：填写外贸合同中的收货人。企业性质根据实际情况在对应的"□"内打"√"。

（7）发货人：填写外贸合同中的发货人。

（8）货物名称（中 / 外文）：填写本批进口货物的品名、规格、型号、成分以及中英文对照，应与进口合同、信用证、商业发票所列一致。如为废旧货物应在此栏内注明。注意货物名称必须填写具体的名称，不得填写笼统的商品大类，例如，"玩具电扇"不能填写为"电扇"。需要时可填写货物的型号、规格或牌号。

（9）H.S. 编码：填写本批进口货物的 10 位商品编码，以当年海关公布的商品税则编码分类为准。

（10）原产国（地区）：填写本批货物生产 / 加工的国家或地区。

（11）数 / 重量：填写本批货物的数 / 重量，注明数 / 重量单位，应与合同、商业发票或报关单上所列一致。重量一般填写净重，如填写毛重，或以毛重作净重则需注明。

（12）货物总值：填写入境货物的总值及币种，应与合同、商业发票或报关单上所列的货物总值一致。

（13）包装种类及数量：填写本批货物实际运输包装的种类及数量，注明包装的材质。如 100 纸箱；散装的要注明"散装"；如采用木质包装，应详细列明。

（14）运输工具名称号码：填写装运本批货物的运输工具的名称和号码。

（15）合同号：填写对外贸易合同、订单或形式发票的号码。

（16）贸易方式：填写本批货物进口的贸易方式。根据实际情况选填一般贸易、来料加工、进料加工、易货贸易、补偿贸易、边境贸易、无偿援助、外商投资、对外承包工程进出口货物、出口加工区进出境货物、出口加工区进出区货物、退运货物、过境货物、保税区进出境仓储、转口货物、保税区进出区货物、暂时进出境货物、暂时进出口留购货物、展览品、样品、其他非贸易性物品等。

（17）贸易国别（地区）：填写本批货物的贸易国别（地区）。

（18）提单 / 运单号：填写本批货物海运提单号、空运单号或铁路运单号，有二程提单的应同时填写。

（19）到货日期：填写本批进口货物到达口岸的日期。

（20）起运国家（地区）：填写装运本批货物的交通工具的起运国家或地区，若从中国境内保税区、出口加工区入境的，填写保税区、出口加工区。

（21）许可证/审批号：办理进境许可证或审批的货物，应填写有关许可证号或审批号。

（22）卸毕日期：填写本批货物在口岸卸货完毕的日期。

（23）起运口岸：填写本批货物的交通工具的起运口岸，若从中国境内保税区、出口加工区入境的，填写保税区、出口加工区。

（24）入境口岸：填写本批货物的入境口岸。

（25）索赔有效期至：按对外贸易合同中约定的索赔期限填写，注明截止日期。

（26）经停口岸：填写本批货物起运后入境前，在运输中曾经停靠的口岸名称。

（27）目的地：填写本批货物预定最后到达的境内交货地。

（28）集装箱规格、数量及号码：货物若以集装箱运输应填写。

（29）合同订立的特殊条款以及其他要求：填写在合同中特别订立的有关质量、卫生等条款或报检单位对本批货物检验检疫的特殊要求。

（30）货物存放地点：填写本批货物存放的地点。

（31）用途：填写本批货物的用途。根据实际情况，选填种用或繁殖、食用、奶用、观赏或演艺、伴侣动物、实验、药用、饲用、介质土、食品包装材料、食品加工设备、食品添加剂、食品容器、食品洗涤剂、食品消毒剂、其他。

（32）随附单据：按照实际向检验检疫机构提供的单据，在对应的"□"内画"√"或补填。

（33）标记及号码：填写本批货物的标记号码，应与合同、商业发票等有关外贸单据一致。若没有标记号码则填"N/M"，即 No Mark 的缩写。当标记太多填写不下，或有计算机无法绘制的图案时，报检人应提供标记的样张。

（34）外商投资财产：由检验检疫机构受理报检人员填写，在对应的"□"内打"√"。

（35）报检人郑重声明：由报检人员亲笔签名。

（36）检验检疫费：由检验检疫机构计费人员核定费用后填写。

（37）领取证单：由报检人员在领取检验检疫机构出具的有关检验检疫证单时填写领证日期及领证人姓名。

2.3 "出境货物报检单"的填制内容

报检员要认真填写"出境货物报检单"，内容应按合同、销售确认书或订单、信用证、有关函电、商业发票等单证的内容填写，具体范本格式如图 5-5 所示。

中华人民共和国出入境检验检疫

出境货物报检单

报检单位(加盖公章)：					*编　号		
报检单位登记号：		联系人：		电话：	报检日期：	年　月　日	

发货人	（中文）	
	（外文）	

收货人	（中文）	
	（外文）	

货物名称(中/外文)	H.S.编码	产地	数/重量	货物总值	包装种类及数量

运输工具名称号码		贸易方式		货物存放地点	
合同号		信用证号		用途	
发货日期		输往国家(地区)		许可证 / 审批号	
起运地		到达口岸		生产单位注册号	

集装箱规格、数量及号码	

合同、信用证订立的检验检疫条款或特殊要求	标 记 及 号 码	随附单据（画"✔"或补填）	
		□合同	□包装性能结果单
		□信用证	□许可/审批文件
		□发票	□
		□换证凭单	□
		□装箱单	□
		□厂检单	□

需要证单名称（画"✔"或补填）				*检验检疫费	
□品质证书	__正__副	□植物检疫证书	__正__副	总金额（人民币元）	
□重量证书	__正__副	□熏蒸/消毒证书	__正__副		
□数量证书	__正__副	□出境货物换证凭单	__正__副		
□兽医卫生证书	__正__副	□		计费人	
□健康证书	__正__副	□			
□卫生证书	__正__副	□		收费人	
□动物卫生证书	__正__副	□			

报检人郑重声明： 1. 本人被授权报检。 2. 上列填写内容正确属实，货物无伪造或冒用他人的厂名、标志、认证标志，并承担货物质量责任。 签名：_____	领 取 证 单	
	日期	
	签名	

注：有"*"号栏由出入境检验检疫机关填写　　　　　◆国家出入境检验检疫局制

图5-5　出境货物报检单范本

（1）编号：15 位数字形式，由检验检疫机构受理报检人员填写。前 6 位为检验检疫机构代码；第 7 位为出境货物报检类代码"2"；第 8、第 9 位为年度代码，如 2020 年为 20；第 10 位至第 15 位为流水号。实行电子报检的可在电子报检的受理回执中自动生成。

（2）报检单位：填写报检单位的全称，并加盖公章或已经向检验检疫机构备案的"报检专用章"。

（3）报检单位登记号：填写报检单位在检验检疫机构备案或注册登记的代码。

（4）联系人：填写报检人员的姓名。电话：填写报检人员的联系电话。

（5）报检日期：指检验检疫机构实际受理报检的日期，由检验检疫机构受理报检人员填写。

（6）发货人：根据不同情况填写。预检报检的可填写生产单位。出口报检的应填外贸合同中卖方或信用证的受益人。需要出具英文证书的，填写中英文。

（7）收货人：填写本批出境货物贸易合同或信用证中的买方名称。需要出具英文证书的，填写中英文。

（8）货物名称（中 / 外文）：按外贸合同、信用证中所列品名及规格填写。

（9）H.S. 编码：填写本批出口货物的 10 位商品编码，以当年海关公布的商品税则编码分类为准。

（10）产地：指本批出口货物的生产（加工）地，填写省、市、县名。

（11）数 / 重量：填写本批货物的数 / 重量，注明数 / 重量单位，重量一般填写净重。

（12）货物总值：填写外贸合同或发票上所列的货物总值和币种。

（13）包装种类及数量：填写本批货物运输包装的种类及件数，注明包装的材质。

（14）运输工具名称号码：填写装运本批货物的运输工具的名称和号码。

（15）贸易方式：填写本批货物出口的贸易方式。根据实际情况选填一般贸易、来料加工、进料加工等。

（16）货物存放地点：填写本批货物存放的具体地点、厂库。

（17）合同号：填写本批货物贸易合同、订单或形式发票的号码。

（18）信用证号：填写本批货物对应的信用证编号。

（19）用途：填写本批货物的用途。根据实际情况，选填种用或繁殖、食用、奶用、观赏或演艺、伴侣动物、实验、药用、饲用、介质土、食品包装材料、食品加工设备、食品添加剂、食品容器、食品洗涤剂、食品消毒剂、其他。

（20）发货日期：填写本批货物出口装运日期，预检报检可不填。

（21）输往国家（地区）：填写外贸合同中买方（进口方）所在的国家（地区）或合同上的最终输往国家（地区）。出口到中国境内的填写保税区、出口加工区。

（22）许可证 / 审批号：填写许可证编号或审批单编号。

（23）起运地：填写货物离境的口岸/城市地区名称。

（24）到达口岸：填写货物抵达目的地的入境口岸名称。

（25）生产单位注册号：填写生产/加工单位在检验检疫机构的注册登记编号，如卫生注册登记号等。

（26）集装箱规格、数量及号码：货物若以集装箱运输应填写本栏。

（27）合同、信用证订立的检验检疫条款或特殊要求：填写特殊要求。

（28）标记及号码：应与合同、发票等有关外贸单据保持一致。若没有则填"N/M"。

（29）随附单据：按实际向检验检疫机构提供的单据，在对应的"□"内打"√"。未标出的，需自行填写提供的单据名称。

（30）需要证单名称：在对应的"□"内打"√"，并注明所需正副本数量。未标出的，需自行填写所需证单的名称和数量。

（31）报检人郑重声明：报检人员必须亲笔签名。

（32）检验检疫费：由检验检疫机构计费人员核定费用后填写。

（33）领取证单：由报检人员在领取有关检验检疫证单时填写领证日期及领证人姓名。

【思维导图】

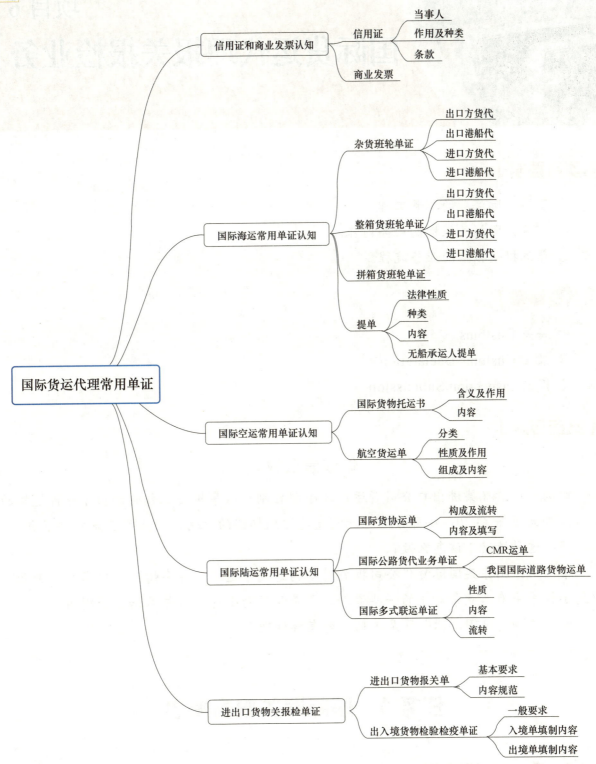

【实践任务】

根据合同实例，完成整套货运代理单证的审证任务。

项目 6

国际货运代理报关报检业务

【项目要求】

○ 了解国际海关的职责工作。

○ 掌握国际报关报检的业务内容。

○ 熟悉报关报检的业务流程。

【术语储备】

◇ 海关 Customs

◇ 报关 Customs Declaration

◇ 报检 Inspection Submission

【案例导入】

你该怎么做？

案例一：青岛某进出口公司货运经理小郭在刚刚从事报关工作时经历了一件这样的事情：那天下午 4：30，小郭接到一批需急速运到韩国的货物，而海关 5 点就要下班。

问：这种情况下该怎么做？

案例二：山东某国际货代公司报关员小杨遇到了这样一件事情：有位客户从侧面了解到小杨手中有其竞争对手的一些资料，于是私下向小杨打听并承诺重金酬谢。

问：这种情况下，你如果是小杨，会怎样处理？

任务 1 国际海关职责概述

1 进出口申报审核

不管货物是要出口还是进口，都需要通过中华人民共和国海关的审核，审核的过程就是报关。由中国的收货人或发货人把货物的详细信息（品名、包装、件数、毛重、体积、货值等）提供给海关进行货物申报，由海关鉴定是否具备相应资质，在审核通过后才能给予放行；反之，将给予退回或者扣押。海关监管通关流程如图 6-1 所示。

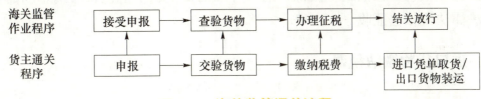

图 6-1   海关监管通关流程

一般来说，出口货物在货物出境地海关申报，进口货物在货物进境地申报，但经货物收发货人的申请和海关的同意，出口货物也可以在设有海关的货物起运地申报，进口货物可以在设有海关的货物指运地申报。

出口货物的申报期限为货物运抵海关监管区后，装货的 24 小时前，进口货物的申报期限是自装载货物运输工具申报进境之日起 14 日内，如申报最后一天是法定节假日或休息日，则可顺延一个工作日。海关批准集中报关的进口货物，可自装载货物的运输工具申报进境之日起 1 个月内办理申报手续。对于超过 3 个月未向海关申报的进口货物，海关可依法提取变卖处理，如果货物不宜长期储存，如生鲜冷冻产品，海关可以根据实际情况提前处理。

对于未按时申报的进口货物，海关可按规定征收滞报金。进口货物的滞报金按日计征，计征参照的滞报期间起始日（包括起始日）为运输工具申报进境日起的第 15 日，截止日（包括截止日）为海关接受申报之日。起始日如果是法定节假日或休息日，则顺延至其后第一个工作日。

2 货物查验

海关查验是指海关为确定进出境货物收发货人向海关申报的内容是否与进出口货物真实情况相符，或者为确定商品归类、价格、原产地等，依法对进出口货物进行实际核查的执法行为。海关查验时间一般为海关正常工作时间内，查验地点一般在海关监管区内。在进出口业务繁忙的口岸，海关也可以接受进出口货物收发货人或其代理的请求，在海关正常工作时间以外查验，而且如果不宜在监管区查验的，经进出境货物发货人或其代理申请，海关可以外派人员到海关监管区外实施查验。

根据查验范围，海关查验分为彻底检查和抽样检查。彻底查验是对一票货物全部逐一开拆查验货物的实际状况；抽样检查是按照一定比例有选择地对一票货物中的部分货物进行查验。根据操作方式，海关查验又可分为人工查验和设备查验。人工查验是指对货物包装、运输标志和外观等的外形进行查验，还要将货物从集装箱中取出，拆除外包装对货物进行开箱查验；设备查验是指利用技术检查设备对货物进行查验。整个查验过程中，海关查验人员应认真负责，如有因查验造成的货物损坏，则需要海关予以赔偿。

3　征收税费

进口货物缴纳税费包括进口关税、进口环节消费税和增值税、滞纳金和滞报金，由海关根据法律法规依法征收。

3.1　进口货物缴纳税费

3.1.1　进口关税

进口关税是由海关代表国家，按照国家制定的关税政策和公布实施的税法及进出口税则，对进境货物或物品征收的流转税。进口关税的计收主要包括从价税、从量税和复合税三种。

从价税是以货物的价格作为计税标准，用货物的完税价格乘以进口从价税率作为应征税额，这是目前大多数国家使用的主要计税方法。一般来说，进口货物的完税价格即货物的 CIF 成交价格，进口货物的从价税率根据"原产地规则"和"税率适用原则"确定。

从量税是以货物的计量单位（如货物数量、重量、容量等）为计税标准，以每一计量单位的应征税额乘以计量单位作为总应征税额。目前，我国对啤酒、胶卷、石油原油、冻鸡等进口货物按此方法征税。单位税额同样根据"原产地规则"和"税率适用原则"确定。

复合税是指对货物同时征收从价税和从量税，以从价税和从量税之和作为应收税额。目前，我国对录像机、摄像机、放像机、非家用型摄录一体机及部分数字照相机等按此方法征税。

3.1.2　进口环节税

海关主要征收进口货物进口环节的增值税和消费税，进口货物进入国内市场后和国内货物同等征收的商品消费税和增值税由税务机关征收。

进口环节增值税是对商品生产、流通加工、修理修配等各环节的增值额征收的一种税。进口货物单位所缴纳的增值税即属于进口环节增值税，以组成价格作为计税价格，用组成价格乘以适用增值税税率计算应收税额。组成价格是进口货物的完税价格、实征关税价格和实征消费税价格之和，增值税基本税率为17%，生活必需品税率为13%，起征额为50元，低于50元免征。

进口环节消费税是在对货物普遍征收增值税的基础上，对少数消费品再予征收的一种税。凡在我国境内生产、委托加工和进口应税消费品的单位和个人都应缴纳消费税。进口应税消费品单位所缴纳的消费税属于进口环节消费税，起征额为50元，低于50元免征。应税消费品大致分为以下几种：过度消费会对人类健康、社会秩序和生存环境等造成危害的消费品，如烟、酒、鞭炮及焰火、木制一次性筷子等；奢侈品、非生活必需品，如贵重首饰、化妆品、高尔夫球及球具、高档手表、游艇、实木地板等；高能耗和高档消费品，如小汽车、摩托车、汽车轮胎等；不可再生和替代的石油类消费品，如汽油、柴油、石脑油、溶剂油、润滑油、燃料油和航空煤油等。

3.1.3 滞纳、滞报金

纳税人或其代理人应当自海关填发税款缴款书之日起 15 日内向指定银行缴纳税款。逾期缴纳的，海关依法加收滞纳金，这是税收管理中一种行政强制措施，起征额为人民币 50 元，不足 50 元的免征。

当进口货物未在海关规定的申报期限内向海关申报，则由海关按照规定征收滞报金。滞报金以元计收，不足 1 元免予计收。

3.2 出口货物缴纳税费

出口货物缴纳税费包括出口关税和滞纳金，由出口货物发货人或其代理向海关缴纳。

出口关税是由海关代表国家，按照国家制定的关税政策和公布实施的税法及进出口税则，对出境货物或物品征收的流转税。出口关税按照进出口税则的出口税率征收，适用出口税率的出口货物有暂定税率的，按暂定税率征收。

为鼓励本国货物出口，现在很多国家纷纷削减和废止出口关税，但发展中国家为增加财政收入，限制本国资源输出，仍保留出口税。我国对大部分出口货物不征收出口税，但是为了控制某些商品特别是国内紧俏资源的过度无序出口，仍然会对少数商品征收出口关税。

出口货物的滞纳金是海关针对出口关税逾期缴纳而加收的税项，其征收标准与进口货物的滞纳金一致。

4 结关放行

海关在进口货物提货凭证和出口货物装货凭证上加盖海关放行章，即意味着海关准予放行。在实行"无纸通关"的海关，将通过计算机把决定放行的信息发送给进出口货物收发货人或其代理以及海关监管货物保管人员，即意味着准予放行。货物结关是指进出境货物办结了所有海关手续，海关不再进行监管。

任务 2 国际检验检疫机构及其职责

1 出入境检验检疫机构

1.1 国内检验检疫机构

1.1.1 出入境检验检疫局

出入境检验检疫局简称 C.I.Q，是为国家进行出入境检验检疫工作的部门。出入境检验检疫局的主要职责是对出入境的货物、人员、交通工具、集装箱、行李邮包携带物

等进行包括卫生检疫、动植物检疫、商品检验等的检查，以保障人员、动植物安全卫生和商品的质量。出入境检验检疫局原是指国家质量监督检验检疫总局①作为政府的一个执行部门；在2018年4月出入境检验检疫管理职责和队伍划入海关总署。

1.1.2 各地出入境检验检疫机构

1999年，全国各地的进出口商品检验局、动植物检疫局、卫生检疫局陆续合并，成立各地"出入境检验检疫局"，负责各辖区内进出口商品检验、动植物检疫和出入境卫生检疫的行政执法工作。国家质量监督检验检疫总局对出入境检验检疫机构实施垂直管理，即直属局由国家质检总局直接领导，分支局隶属所在区域的直属局。

1.1.3 其他检验检疫机构

中国国家认证认可监督管理委员会简称国家认监委，是国家质检总局管理的事业单位，是国务院授权履行行政管理职能，统一管理、监督和综合协调全国认证认可工作的主管机构。2018年3月，根据第十三届全国人民代表大会第一次会议批准的国务院机构改革方案，将国家认证认可监督管理委员会职责划入国家市场监督管理总局，对外保留牌子。

中国国家标准化管理委员会是国家质检总局管理的事业单位，是国务院授权的履行政管理职能，统一管理、监督和综合协调全国标准化工作的管理机构。2018年3月，根据中共十九届三中全会通过的《深化党和国家机构改革方案》，国家标准化管理委员会职责划入国家市场监督管理总局，对外保留牌子。

中国检验认证集团是经国家认证认可监督管理委员会资质认定、中国合格评定国家认可委员会认可，以"检验、鉴定、认证、测试"为主业的第三方检验认证机构。作为非官方性质的检验机构，是以中国检验认证（集团）有司为核心企业，由自愿参加的企业和机构团体组成的联合体，属于社会公益型的独立法人，是独立承担民事责任的检验实体，以第三方的身份开展进出口商品的检验服务。

1.2 国外检验检疫机构

目前，在国际上比较有名望和权威的国外商品检验检疫机构有：瑞士通用公证行（GS）、英国英之杰检验集团（IITS）、日本海事检定协会（NKKK）、新日本检定协会、日本海外货物检查株式会社（OMIC）、美国安全试验所（UL）、美国材料与试验学会（ASTM）、加拿大标准协会（CSA）、国际羊毛局（IWS）等。

2 国际检验检疫机构主要工作职责

2.1 进出口商品检验

2.1.1 一般进出口商品检验

根据《商品分类和编码协调制度》（简称 H.S. 编码），国家出入境检验检疫局整合

---

① 现为国家市场监督管理总局。

实施检验检疫的进出口产品发布了《出入境检验检疫机构实施检验检疫的进出境商品目录》（简称《法检目录》）。《法检目录》由"商品编码""商品名称及备注""计量单位""海关监管条件""检验检别"五栏组成。

若某商品的"海关监管条件"为"A"，则表示该商品必须实施进境检验检疫，并且海关凭检验检疫机构出具的"入境货物通关单"验放；若为"B"，表示该商品必须实施出境检验检疫，海关凭检验检疫机构出具的"出境货物通关单"验放；若为"D"，表示海关与检验检疫联合监管。若"检验检疫类别"为"M"，则表示该商品必须实施进口商品检验；若为"N"，表示该商品必须实施出口商品检验；若为"P"，表示该商品必须实施进境动植物及其产品检疫；若为"Q"，表示该商品必须实施出境动植物及其产品检疫；若为"R"，表示该商品必须实施进口食品卫生监督检验；若为"S"，表示该商品必须实施出口食品卫生监督检验；若为"L"，表示该商品必须实施民用商品入境验证。

凡列入《法检目录》的进出口商品，必须经过出入境检验检疫部门或其指定的检验机构依法实施检验。未经检验合格的，或未进行规定的检验检疫的，进口商品不准进境销售、使用，出口商品不准出口。

2.1.2　进口废物原料装运前检验

国家允许作为原料进口的废物，在装运前要进行检验，以防境外有害废物向我国转运。收货人与发货人签订的废物原料进口贸易合同中，必须注明所进口的废物原料符合中国环境保护控制标准的要求，并约定由出入境检验检疫机构或其认可的检验机构实施出口装运前检验，检验合格后方可装运。

2.1.3　进口旧机电产品装运前检验

对涉及国家安全、环境保护、人类和动植物健康的旧机电产品，如翻新的旧压力容器、旧工程机械类、旧电器类、旧车船类、旧食品机械类、旧农业机械类、旧印刷机械类等，实施装运前检验制度，防止不符合我国有关安全、卫生和环境保护等技术规范强制性要求的旧机电进入国内，从而保障人身和财产安全，有效地保护环境。对按规定应当实施装运前预检验的，由出入境检验检疫机构指定或认可的装运前预检验机构实施装运前检验，检验合格后方可装运。

2.1.4　出口危险货物运输包装检验

危险货物是指具有燃烧、爆炸、腐蚀、毒害、放射性等性质的货物。大部分危险货物在力、光、热的作用下，极易产生危险现象，因此，危险货物的运输、包装、装卸、储存等各环节都要严格执行有关规定。

生产出口危险货物包装容器的企业，必须向出入境检验检疫机构申请包装容器的性能鉴定；生产出口危险货物的企业，必须向出入境检验检疫机构申请危险货物包装容器的使用鉴定。包装容器鉴定都合格的，方可包装出口。

2.2   卫生、动植物及其产品检疫

对出入境人员、交通工具、运输设备以及可能传播检疫传染病的行李、货物、邮包等物品实施国境卫生检疫和口岸卫生监督，目的是防止传染病由国外传入或者由国内传出，从而保护人类健康。

对动植物及其产品，包括运输使用的运输工具、包装材料进行检疫和监督管理，以防有害生物由国外传入或由国内传出，保护本国农、林、牧、渔业生产，以及国际生态环境和人类的健康。

2.3   出口商品质量许可及进口商品认证管理

对于重要出口商品，国家实行质量许可制度。出入境检验检疫部门单独或会同有关主管部门共同负责发放出口商品质量许可证，未获得许可证的商品不准出口。国内生产企业或其代理人可向当地出入境检验检疫机构申请，对于实施质量许可制度的出口商品实行验证管理。

国家对涉及人类健康和动植物生命与健康，以及环境保护和公共安全的产品实行强制性产品认证制度（China Compulsory Certification，3C）。凡列入《中华人民共和国实施强制性产品认证的产品目录》内的商品，必须经过指定的认证机构认证合格，取得指定认证证书并加施认证标志后方可进口。

2.4   进出口商品鉴定

在外商投资企业及各种对外补偿贸易方式中，检验检疫机构对境外（包括港、澳、台地区）投资者用以作价投资的实物，或外商投资企业委托国外投资者，用投资资金从境外购买的财产进行价值鉴定。这样可有效防止低价高报或高价低报的现象，保护外商投资方的合法权益。

对装运出口易腐烂变质的食品、冷冻品的船舶和集装箱等运输工具，承运人、集装箱单位或其代理人必须在装运前向口岸检验检疫机构申请检验清洁、卫生、冷藏、密固等适载检验。经检验合格后，方准予装运货物。

2.5   其他

对于拟设立的中外合资、合作进出口商品检验、鉴定、认证公司，由国家出入境检验检疫局负责对其资格信誉、技术力量、装备设施及业务范围进行审查。审查合格后出具"外商投资检验公司资格审定意见书"，然后交由中华人民共和国对外贸易经济合作部批准，在工商行政管理部门办理登记手续并领取营业执照，再到国家出入境检验检疫局办理"外商投资检验公司资格证书"后，方可开展经营活动。

检验检疫部门承担世界贸易组织《贸易技术壁垒协议》和《实施动植物卫生检疫措施协议》咨询业务；承担联合国（UN）、亚太经合组织（APEC）等国际组织在标准与一致化检验检疫领域的联络点工作；负责对外签订政府部门间的检验检疫合作协议、认证认可合作协议、检验检疫协议执行议定书等，并组织实施。

任务 3　报关业务

1　报关业务概况

1.1　出口报关

任何货物要离开中国境内发往其他国家前，都必须经过中国海关对货物的核查，这就要求发货方必须将货物的品名、重量、体积、用途、性能等相关信息如实申报给海关。海关通过发货方提供的信息来确认货物是否符合出口规定，从而决定货物是否能离开中国进行第二段国际运输。

1.1.1　统计准确性

无论是出口大宗的资源型物资，还是出口生活用品，抑或是出口技术附加值的产品，如飞机、高新技术机器等，都需要国家在宏观上进行规划和调控。因此，出口报关的真实性和准确性就显得非常重要，因为哪怕再微小的失误，累积起来也会影响宏观方面的数据。

1.1.2　监测限制出口

一些国家不允许或限制出口的资源、技术等，如果被一些不法商人售卖至国外，就会损害国家的利益。国家禁止或限制出口的包括一些稀有自然资源、野生动物以及涉及国防军工、国家安全、健康的装备和技术等。对违反相关规定的，即涉及走私罪，需要承担相应的刑事责任。

1.1.3　规范退税环节

国家在鼓励出口方面有很多优惠政策，退税就是其中非常重要的一个环节，由退税所带来的利润，有时候也非常可观。由于产品种类不一样，享受的退税额也不一样，这使得部分企业有了可乘之机。有的在税差上面做文章，选择一种具有更高退税额的 H.S. 编码进行申报，这样能得到更多的国家退税，从而实现利润的最大化。更有甚者，会用风马牛不相及的货物来冒充某国家优惠退税补助比较大的物品来申报，以攫取高额退税。

出口报关环节能通过海关查验来有效地遏制此类风气。海关根据自有的一套完整稽查制度和体制，再结合归类原则和一些企业诚信记录来选择性查验，或者随机循环抽取

查验。对于违法违规行为，海关会根据情节的严重程度，随时对不法分子发起调查、取证、起诉和审判。

1.2　进口报关

任何国外的商品在进入中国市场前都必须经过海关的审核。相对于出口，对进口商品的审核要求会更加严格。如食品、酒水、化妆品等敏感货物，海关对每票货物都会进行现场查验，并做好检验检疫等消毒处理工作。而机器设备类货物的进口报关，海关会要求提供齐全的证件，以免一些淘汰无用的设备进口流入境内。对于一些普通原材料的进口报关，海关的抽查力度也会比出口大很多，这样做的目的是保障国家利益不受损害。

但根据商品的 H.S. 编码，对于一些能提高国家生产力，给国家带来技术更新的商品也会给予免税政策；对于一些同盟国商品，通过查看其原产地证，在税收上面会给予一定税率的优惠；对于国外已经规模化的产品，本土企业技术、生产力上面的缺陷而导致同类产品竞争力远不及进口产品的时候，国家会保护本土企业，实行高额税收，使其价格不会碾压本土企业产品，给本土企业留下生存的空间。

2　报关的一般程序

对于不同类别的进出口货物，其报关程序也会略有不同。以一般进出口货物为例，其报关业务程序是：接受申报—查验货物—征收税费—结关放行。作为进出境货物的收发货人，相应的报关手续应为：提出申报—接受查验—缴纳税费—凭单取货或装船出运。国际货运代理的代理报关业务主要针对进出境货物，报关的基本程序分为三大阶段，即前期阶段、进出境阶段和后续阶段。对于一般进出口货物，只有进出境阶段，没有前期阶段和后续阶段。

2.1　前期阶段

该阶段是指保税货物、特定减免税货物、暂准进出境货物、其他进出境货物的收发货人或其代理在货物进出境以前，向海关办理备案手续的过程。

保税加工货物进口之前，应当办理加工贸易备案手续，申请建立加工贸易电子账册、电子手册或者申领加工贸易纸质手册。特定减免税货物在进口之前，应当办理企业的减免税申请和申领减免税证明手续。暂准进出境货物的展览品在实际进境之前，应当办理展览品进境备案申请手续。在国际展品物流中，货运代理需要办理这一手续。其他进出境货物中的出料加工货物在实际出境之前，应当办理出料加工的备案手续。

2.2　进出境阶段

该阶段是一般进出口货物、保税货物、特定减免税货物、暂准进出境货物和其他进出境货物的收发货人或其代理，在货物进出境时向海关办理进出口申报、配合查验、缴纳税费、提取或装运货物等手续的过程。

进出口申报指进出口货物的收发货人或其代理在海关规定的期限内，按照海关规定的形式，向海关报告进出口货物的情况，提请海关按其申报的内容放行进出口货物的工作环节。

配合查验指申报进出口货物经海关决定查验时，进出口货物收发货人或其代理到达查验现场，配合海关查验货物，按照海关要求搬移货物、开拆包装以及重新封装货物的工作环节。

缴纳税费指进出口货物的收发货人或其代理接到海关发出的税费缴纳通知书后，在规定期限内，通过银行将有关税费款项缴入海关专门银行账户的工作环节。

提取货物是指进口货物收货人或其代理人，在办理了进口申报、配合查验、缴纳税费等手续，海关决定放行后，凭海关加盖放行章的进口提货凭证或海关通过计算机发送的放行通知书，提取进口货物的工作环节。装运货物是指出口货物的发货人或其代理人，在办理了进口申报、配合查验、缴纳税费等手续，海关决定放行后，凭海关加盖放行章的出口装货凭证或海关通过计算机发送的放行通知书，通知港区、机场、车站及其他有关单位装运出口货物的工作环节。

2.3　后续阶段

后续阶段是指保税货物、特定减免税货物、暂准进出境货物和部分其他进出境货物的收发货人或其代理，在货物进出境储存、加工、装配、使用、维修后，在规定的期限内，按要求向海关办理上述货物核销、销案、申请解除监管等手续的过程。

无论是保税加工货物还是保税物流货物，都应当在规定期限内办理申请核销的手续。对于特定减免税货物，应当在海关监管期满，或在海关监管期内经海关批准出售、转让、退运、放弃并办妥相关手续后，向海关申请办理解除海关监管的手续。对于暂准出境货物，应当在暂准出境规定期限内或经海关批准延长期限内，办理复运进境手续或正式出口手续，然后申请办理销案手续。其他进出境货物中的出料加工货物、修理货物、部分租赁货物等，应当在规定期限内办理销案手续。

3　申报步骤

3.1　准备申报单证

申报单证是货物报关申报工作的第一步，是整个报关工作能否顺利进行的关键，关系着货物能否顺利出运或提取。申报单证主要是报关单和随附单证，随附单证必须齐全、有效、合法，报关单必须真实、准确、完整，报关单和随附单证的数据必须一致。

报关单是报关员按照海关规定格式填制的申报单，分为出口报关单和进口报关单。随附单证包括基本单证和特殊单证。基本单证包括进出口货物的货运单证和商业单据，出口货物用于报关的货运单证是装货单、国际航空货运单、国际货协运单和国际公路货代业务单证；进口货物用于报关的货运单证是提货单、国际航空货运单、国际货协运单和国际公路货代业务单证。进出口货物报关所用的商业单据主要是商业发票、装箱单等。特殊单证包括进出口许可证、原产地证明书、贸易合同等。

3.2　申报前看货取样

该环节主要针对进口货物。进口货物的收货人在向海关申报前，可向海关提出查看货物或提取货样的书面申请，海关审核通过后派工作人员到现场监管。对于需依法提供检疫证明的货物，如动植物及其产品，进口收货人应事先取得主管部门签发的书面批准证明。提取货样时，海关工作人员与进口货物的收货人应在海关开具的取样记录和取样清单上签字确认。

3.3　申报

进出口货物收发货人或其代理人将报关单内容录入海关电子计算机系统，生成电子单，一旦接收到海关发送的"接受申报"报文和"现场交单"或"放行交单"通知，即表示电子申报成功。之后10日内，进出口货物收发货人或其代理人持打印的纸质报关单，备齐随附单证并签名盖章，到货物所在地海关提交书面单证，办理相关海关手续。

海关接受货物申报后，电子数据报关单和纸质报关单不得自行修改或撤销，除非确有正当理由并且经海关审核批准。进出口货物收发货人或其代理人申请修改或撤销报关单应向海关提交"进出口货物报关单修改/撤销申请表"，并提交相应单证。若是海关发现要对报关单进行修改和撤销，但进出口货物收发货人或其代理人未提出申请的，海关应当通知进口货物收发货人或其代理人，由其填写"进出口货物报关单修改/撤销确认书"。对于海关已经布控、查验的，以及涉及有关案件的进出口货物报关单，在"结关"之前不得自行修改和撤销。

任务4　报检业务

1　报检业务概况

报检是指有关当事人根据法律、行政法规的规定，对外贸易合同的约定或证明履约的需要，向海关申请检验检疫、鉴定以获准出入境或取得销售使用的合法凭证及证明所必须履行的法定程序和手续。可以采用书面报检或电子报检两种方式。

报检工作由报检单位的报检员负责。报检当事人从事报检行为，办理报检业务，必须按照报检机构的要求，取得报检资格，未按规定取得报检资格的，海关不予受理报检。报检单位是根据法律、法规有关规定在出入境检验检疫机构登记备案或注册登记的企业法人、组织或个人。根据报检单位登记的性质，可分为自理报检单位和代理报检单位两种类型。

对主管海关的检验结果有异议的，可以向做出检验结果的主管海关或其上一级海关申请复验，也可以向海关总署申请复验。报检人在收到主管海关做出的检验结果之日起15日内提出复验，受理复验的部门负责组织实施复验，并在自收到复验申请之日起60日内做出复验结论。若技术复杂，则经本机关负责人批准，可以适当延长，延长期限最多不超过30日，但对同一检验结果只进行一次复验。如果报检人对复验结论仍不服，可以依法申请行政复议，也可以向人民法院提起行政诉讼。申请复验的报检人应当按照规定缴纳复验费用，但复验结论认定属原检验的海关责任的，复验费用由原海关承担。

2　出境货物报检

2.1　出境货物检验检疫程序

出境货物检验检疫的总体程序是：报检—实施检验检疫—放行通关。

对产地和报关地相一致的货物，报检人在规定的时限内持相关单证向海关报检；海关审核单证；符合要求的受理报检并计收费用，然后转交施检部门实施检验检疫；经检验合格，海关出具"海关统一发送一次放行指令"供报检人办理通关手续；经检验不合格，海关出具"出境货物不合格通知单"。

对产地和报关地不一致的货物，报检人向产地海关报验；海关审核单证；符合要求办理报检并计收费用，然后转施检部门实施检验检疫；同时产地海关出具"出境货物换证凭单"或将电子信息发送至口岸检验并出具"出境货物换证凭条"；报检人员"出境货物换证凭单"或"出境货物换证凭条"向海关报检；海关验证或查核货证合格后，出具"海关统一发送一次放行指令"供报检人在海关办理通关手续；否则海关出具"出境货物不合格通知单"。对出口集中申报等特殊货物，或者因计算机、系统等故障问题，根据需要出具纸质《出境货物检验检疫工作联系单》。

2.2　出境报检要求

2.2.1　报检时限

出境货物最迟应在出口报关或装运前7天报检，对于个别检验检疫周期较长的货

物，留出相应的检验检疫时间；需隔离检疫的出境动物在出境前 60 天预报，隔离前 7 天报检；出境观赏动物，应在动物出境前 30 天持贸易合同、产地证、国家濒危物种进出口管理办公室出具的许可证到海关报检；除上述列明的出境货物报检时限外，法律、行政法规及部门规章另有特别规定的，从其规定。

2.2.2　报检地点

法定检验检疫货物除活动物需由海关检验检疫外，原则上应实施产地检疫，在产地海关报检；法律法规允许在市场采购的货物，应向采购地的海关办理报检手续；异地报关的货物，在报关地海关办理换证报检，实施出口直通放行制度的货物除外。

2.2.3　出境货物报检应提供的单据

出境货物报检时，应填写"出境货物报检单"，并提供对外贸易合同（销售确认书或函电）、发票、装箱单等，必要的单证。另外，根据不同情况，需要提供其他相关特殊单证，具体如下。

凡国家实施许可制度管理的货物，应提供有关证明。生产者或经营者检验合格并加附检验合格证或检测报告；申请重量鉴定的，应加附数量 / 重量明细单或磅码单。凭样成交的货物，应提供经买卖双方确认的样品。出境危险货物，必须提供"危险货物包装容器性能鉴定结果单"和"使用鉴定结果单"。

有运输包装、与食品直接接触的食品包装，还应提供海关签发的"出入境货物包装性能检验结果单"。出境特殊物品的，根据法律法规规定应提供有关的审批文件。预检报检的，应提供生产企业与出口企业签订的贸易合同；尚无合同的，需在报检单上注明检验检疫的项目和要求。

预检报检货物换证放行时，应提供海关签发的标明"预检"字样的"出境货物换证凭单"。一般报检出境货物在报关地海关办理换证报检时，应提供产地海关签发的标明"一般报检"的"出境货物换证凭单"或"换证凭条"。开展检验检疫工作要求提供的其他特殊证单。

3　入境货物报检

3.1　入境货物检验检疫程序

入境货物检验检疫总体程序是：报检—放行通关—实施检验检疫。具体程序是报检人向卸货港口或到达站地海关报检；海关审核；符合要求的受理报检并计收费用，签发"海关统一发送一次放行指令"供报检人在海关办理货物通关后，报检人应及时与海关联系检验检疫事宜；检验合格的，海关签发"入境货物检验检疫证明"，准予销售、使用；检验不合格的，海关签发"检验检疫处理通知书"，并做相应处理；未经检验的货物不准销售、使用。对入境动植物及其产品，在运输途中需提供运递证明的，出具纸质

《入境货物调离通知单》。

3.2 入境报检要求

3.2.1 报检时限

输入微生物、人体组织、生物制品、血液及其制品或种畜、禽及其精液、胚胎、受精卵的，应当在入境前 30 天报检；输入其他动物的，应在入境前 15 天报检；输入植物、种子及其他繁殖材料的，应在入境前 7 天报检；入境货物需对外索赔出证的，应在索赔有效期前不少于 20 天内向到货口岸或货物到达地的海关报检；除上述列明的入境货物报检时限外，法律、行政法规及部门规章另有特别规定的，从其规定。

3.2.2 报检地点

有关政府批文中已规定检验检疫地点的，在规定的地点报检；大宗散货、易腐烂变质商品、可用作原料的固体废物、卸货时已发现残损、数量短缺的商品，必须在卸货口岸海关报检；需结合安装调试进行检验的成套设备、机电仪器产品及在口岸拆开包装后难以恢复包装的货物，应在收货人所在地海关报检；输入动植物、动植物产品和其他检疫物的，应向入境口岸海关报检，并由口岸海关实施检验检疫。

入境后需办理转关手续的商品，除活动物和来自动植物疫情流行国家或地区的货物在入境口岸报检和实施检疫外，其他均应到指运地海关报检施检。过境的动植物、动植物产品和其他检疫物，在入境口岸报检，出境口岸不再报检；其他入境货物，应在入境前或入境时向报关地海关办理报检手续。

3.2.3 入境货物报检时应提供的单据

入境报检时，应填写"入境货物报检单"，并提供合同、发票、提（运）单、装箱单等有关单证。另外，根据不同情况需要提供其他相关特殊单证，具体如下。

凡实施安全质量许可、卫生注册或其他需审批审核的货物，应提供有关证明。申请品质检验的，还应提供国外品质证书或质量保证书、产品使用说明书及有关标准和技术资料。凭样成交的，需加附成交样品。以品级或公量计价结算的，应同时申请重量鉴定。

入境废物原料应提供装运前检验证书；属于限制类废物原料的，应当取得进口许可证明。申请残损鉴定的，还应提供理货残损单、铁路商务记录、空运事故记录或海事报告等证明货损情况的有关单证。申请数 / 重量鉴定的应提供数 / 重量明细单、理货清单等。货物经收、用货部门验收或其他单位检测的，应随附验收报告或检测结果以及数 / 重量明细单等。

入境动植物及其产品，还必须提供产地证、输出国家或地区官方的检疫证书。需办理入境检疫审批的，还应提供入境动植物检疫许可证。过境动植物及其产品，应提供货运单和输出国家或地区官方出具的检疫证书。运输动物过境的，还应提交海关总署签发

的动植物过境许可证。入境旅客、交通员工携带伴侣动物的，应提供入境动物检疫证书及预防接种证明。因科研等特殊需要，输入禁止入境物的，需提供海关总署签发的特许审批证明。入境特殊物品的，应提供有关的批件或规定的文件。

【思维导图】

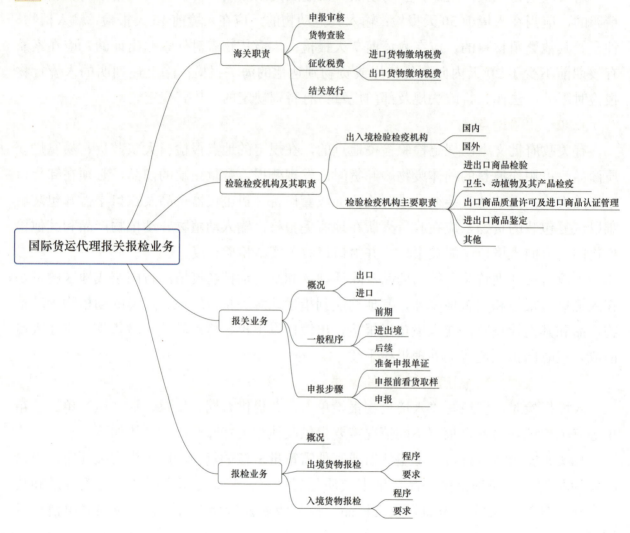

【实践任务】

根据行业内实际报关报检实例，总结具体业务流程及重点环节。

项目 7
国际货运代理责任与风险防范

【案例导入】

谁应承担货物霉变责任

某公司从国外进口了 150 吨可可豆，货场于 2020 年 6 月 16 日由华利轮运至中国上海，卸于九区，堆放在港区露天场地，下垫垫仓木板和草席，上盖双层油布。收货人于 6 月 18 日书面委托上海某货运代理代办进口报关和铁路运输至某巧克力厂收货。货代接受委托后立即办妥报关、卫检、植检等有关进口手续，并先后多次向铁路部门申报车皮计划。由于铁路运力紧张，车皮计划一直未批，货代及时用电话向收货人通报了情况并建议改用水运。8 月 16 日，收货人在电话中称请酌情处理。8 月 18 日可可豆装上了某省航运公司的驳船，于 29 日运抵某市后，经向当地商检局申请品质检验，结果这批可可豆严重霉变，失去使用价值，已无法加工成成品。收货人多次找货代交涉，要求赔偿未果。遂于同年 11 月向某市中级人民法院起诉。法院最终认为，双方均负有赔偿责任。

问：原被告双方应吸取的教训有哪些？

任务 1　国际货运代理责任范围

1　国际货运代理基本责任

因为各国的国际贸易法律法规不同，所以国际货运代理所承担的责任范围各不相同。在实际业务操作中，根据货运代理责任范围的大小，原则上可将其分为两种情况：一是作为纯粹的代理人；二是作为当事人。

1.1　作为代理人

根据国际货运代理协会联合会（FIATA）的相关规定，作为纯粹的代理人，国际货运代理仅对自己和其雇员产生的错误和疏忽承担责任，并赔偿客户货物灭失或损坏的损失，以及由于其未尽谨慎义务所致的其他经济损失。

对于第三人的行为和疏忽产生的损失，如承运人、仓管人员、装卸人员、港口当局或其他货运代理人等，除了国际货运代理自身在选择、指示和监督时未恪尽职守，否则不承担第三人的过错责任。

其他货运代理人的错误和疏忽行为举例如下：尽管得到指示，办理报关、保险时仍然出现疏忽；未能按必要的程序取得在出口（进口）货物退税；作为进口交货代理未按指示交付货物；作为进口交货代理未收回正本提单而放货；运往错误的目的地；未及时进行到货通知而导致提货延误。

【案例分析】

某货代接受发货人的委托代为办理一票货物的空运运输，品名为人造钻石，签发航空公司主运单。但货代在制单时，误将"人造钻石"填写为"钻石"。运输途中货物被盗，据事后抓住的罪犯称，他们正是看到货物品名是钻石才设法盗取这批货物的。发货人以货运代理疏忽为由，要求货代赔偿全部货物损失。

问：发货人的要求能否得到法院支持？

1.2　作为当事人

国际货运代理作为当事人时，将为他所雇用的第三人在完成运输合同或其他服务时的行为和疏忽承担责任。即不仅对自己的错误和疏忽担责，还要保证货物完好无损地抵达目的地。货运代理的权利及义务应依据适用于该运输或服务的有关法律，以及无论是否明示，但适用于该运输方式的惯用附加条款。

国际货运代理协会联合会规定，在作为承运人承担责任时，不仅是在直接使用自己的运输工具进行运输时（从事承运人业务），而且在货运代理签发了自己的运输单据时，就已明示或默示地做出了承担承运人责任的承诺（契约承运人）。但当客户接收了由其他人签发的运输单据，并在合理时间内没有提出货运代理必须承担承运人的责任时，货运代理将不承担此责任。

货运代理在从事其他与货物运输相关的服务时，如货物的积载、处置、包装、分拣及相关辅助服务等，只要该服务是由货运代理本人使用自己的设施或其雇员完成的，或货运代理本人对承担承运人的责任做出了明示或默示承诺的，货运代理就要承担当事人责任。

【案例分析】

某纺织外贸公司委托某货代办理一批服装从上海至神户的空运出口运输，货运代理公司向航空公司订舱，但以自己的名义签发航空货运单，货物运抵目的地后，发现部分服装已湿损。于是，收货人向保险公司索赔，保险公司依据保险合同赔偿了收货人后，取得代位求偿权，进而向货代提起诉讼。

问：货代是否需要赔偿？

2　国际货运代理责任期限

国际货运代理的责任期限一般是指由其掌管货物的时间，即从接收货物开始至运到目的地将货物交给收货人为止，或根据指示将货物置于收货人指示的地点作为完成履行合同中规定的交货义务。除非另有明确协议或已提起诉讼，根据国际货运代理协会联合会的规定，货运代理将在货物交付，或应该交付，或因未能交付而收货人有权视货物已灭失之日起9个月后，免除所有的责任。对于货物灭失或损坏以外的其他责任，9个月的期限应自货运代理的过失产生索赔权益之日起计算。

作为传统意义的代理人，货运代理人应按委托合同条款规定，采取合适的方式照料和管理货物，并执行委托人的指示。在作为承运人运输保管货物时，其责任期限应从发货人手中接收货物开始，至运到目的地向收货人交付货物或在指定地点交收货人掌握为止，如果货物运抵目的地并已向收货人发出交货通知一定时间后，收货人仍未前来提取货物，也可认为货运代理人已履行合同规定的交货义务。

3　国际货运代理赔偿责任

对于货运代理赔偿责任，国际货运代理协会联合会规定以下两个方面：一是赔偿责任原则；二是赔偿责任限制。

3.1 赔偿责任原则

收货人在收到货物后发现有灭失或货损，并能证明该灭失或货损是货运代理的过失所致，即可向货代提出索赔。通常情况下，索赔通知的提出未在货物交付的次日起连续7日内，或集装箱货物交付的次日起连续 15 日内的，就作为货代已完成交货义务。

国际货运代理的基本赔偿原则有：

（1）如果货物交接地点的市价或时价与发票金额有差别，但又无法确定其差额，则按发票金额赔偿。

（2）对古玩、无实际价值或其他特殊价值的货物，除非特殊声明并支付了相应费用的，否则不予赔偿。

（3）对已发生货物灭失的货物运费、海关税收，以及其他费用负责赔偿，但不赔偿进一步的损失。

（4）对货物的部分灭失或损害按比例赔偿。

（5）如货物在应交付日若干天内仍未交付，则构成延误交货，货代应赔偿因延误而可引起的直接后果和合理费用。

3.2 赔偿责任限制

就现有国际公约来看，有的采用单一标准赔偿，有的采用双重标准赔偿，对国际货运代理的赔偿方法理应如此，但实际做法不一样，差异也比较大。

从国际货运代理协会联合会来看，货物的价值应当根据商品交易时的价格确定，如没有则可根据当时市场价格确定，若两者均不存在，则可参照同类同质量货物的通常价值确定。

在货币赔偿上，除非货运代理从其他负有责任一方已获得赔偿，否则其对货物灭失或损坏数量的责任将不超过受损货物毛重每千克 2SDR。如果货物在 90 天内应送达而仍未送达的，在没有相反证据的情况下，索赔人可视货物已经灭失。如果货运代理对延迟导致的损失负有责任，其责任应不超过对延迟导致的相关服务所做出的补偿数额。对于其他类型损失，货运代理所负的责任将不超过每一事故 50 000SDR 的总额，除非货运代理从对其负有责任的一方已获得了赔偿。

4 国际货运代理的除外责任

除外责任即免责，是指根据国家法律、国际公约、运输合同的有关规定，责任人免于承担责任的事由。国际货运代理协会联合会（FIATA）规定，货运代理在任何情况下均不承担下列责任：

（1）承运贵重物品或危险物品，除非在签订合同时已向货运代理做出陈述。

（2）延迟损失，除非有明确的书面协议。

（3）间接损失，如利润损失及市场损失等。

4.1　一般情况下的除外责任

国际货运代理的除外责任通常规定在国际货运代理标准交易条件或与客户签订的合同中，主要包括：委托人过失或疏忽所致；委托人或其代理在装卸、仓储或其他作业过程中的过失；货物包装不牢固、标志不清；货物的自然特性或潜在缺陷；货物的内容申报不清楚、不完整；货物的标志不良或地址有误所致；不可抗力所致。

尽管存在上述免责条款，国际货运代理仍需对因自己的过失或疏忽所致的货物灭失、短少或损坏负责。如果另有特殊约定，国际货运代理还应对货币、证券、贵重物品负有责任。

4.2　特殊情况下的除外责任

委托人不得让其国际货运代理对以下情况承担责任：有关货物的不正确、不清楚、不全面；货物包装、刷唛和申报不当等；货物在卡车、车厢、平板车或集装箱的装载不当；国际货运代理不能合理预见的货物内在危险。

如果国际货运代理委托人需向海运承运人支付与货物有关的共同海损分摊或上述情况涉及第三人责任的，委托人应使国际货运代理免除此类索赔和责任。此外，国际货运代理征询有关业务或处理意见时，委托人必须予以答复并要对国际货运代理所做的工作及时给予各种明确的指示，如因指示不及时或不当而造成损失，国际货运代理不承担任何责任。凡因此项委托引起的一切费用，除另有约定，均应按合同的规定及时支付。

【案例分析】

某外贸公司 A 委托货代公司 B 办理一批鲜活文蛤的运输业务，要求 B 代为订舱。B 预订船期为 2 月 15 日起航，2 月 18 日抵达目的地，A 按其指示于 2 月 14 日将货物送到指定货站。至此，A 认为已完成托运人义务，并以为货物已顺利运出。然而 B 突然传真告知，因 2 月 15 日班轮延误，改装 2 月 22 日班轮，2 月 24 日运抵目的地后鲜活文蛤全部死亡腐烂，货物全损。为此，A 损失货款 24 240 美元，并支付客户处理废物的环保费 316 000 日元，A 向 B 交涉未果后，起诉至法院，要求 B 赔偿。经法院审查，A 通过出口货物明细单委托 B 出运鲜活文蛤，要求 2 月 15 日运抵目的地，B 受托并办理订舱手续后接到运输总部传真通知"目的地压港严重，导致班轮脱班，遂决定调整为 2 月 22 日开航"，B 及时传真告知 A，但 A 未表示异议，且 2 月 14 日货物进 B 货站至装船，集装箱温度始终控制在 A 要求的保存温度内。法院认为，B 完成了代理义务，

由于目的港拥挤，承运人通知船舶改期也及时告知了 A。目前没有证据表明 A 对延期出运表示异议，也无证据表明 B 有过失。故判决不予支持 A。

问：外贸公司 A 应吸取什么教训？

任务 2　国际货运代理责任保险

保险是指以概率论和大致定律为依据来收取保险费，集中具有同一危险的多数单位的资金来建立保险金，利用"分散危险，分摊损失"的办法，对少数参加者（被保险人）遭遇特定灾害事故所造成的损失或人身伤害进行经济补偿。国际货物运输保险是指保险人与被保险人以运输过程中的各种货物作为保险标的订立合同，在被保险人交付约定的保险费后，保险人根据保险合同的规定，对货物在运输过程中发生承保责任范围内的损失和费用时，对被保险人给予经济补偿。

1　国际保险基本原则

在规定和维护保险当事人权益关系时，保险合同应坚持和贯彻以下四条原则。

1.1　可保利益原则

可保利益（Insurable Interest）又称保险利益，指投保人或被保险人对保险标的所拥有的某种法律承认的经济利益。投保人对保险标的具有可保利益是保险合同成立的必要条件，即在签订和履行保险合同的过程中，投保人和被保险人对保险标的必须具有可保利益，否则保险合同无效。各国保险法中规定，可保利益的意义在于防止将保险变成赌博，限制保险赔付的额度及防止诱发道德风险。

1.2　最大诚信原则

最大诚信原则（Principle of Utmost Good Faith）包含告知、陈述和保证，是投保人和保险人在签订保险合同时及在保险合同有效期内必须遵守的一项原则。当事人中的一方如果违反最大诚信原则与他人签订合同，一旦被发现，另一方即有权解除合同，如有损害，还可要求给予补偿。

1.3　近因原则

近因是指导致损害发生的最直接、最有效、起决定作用的原因，一般是直接原因和主要原因，而不包括间接原因和次要原因。因为国际运输复杂多变，出于商业利益的需要，保险人不会将所有可能导致损失的原因全部进行承保，而是通过设立不同的保险险别，来确定各险别所承保的风险范围。损失发生后，保险人认定直接或最接近造成损失的原因是否属于其承保范围，进而判断是否承担赔偿责任。

若致损原因都属于保险责任范围内的风险，则保险人必然承担赔偿责任；若致损原因有的属于保险责任之内的风险，有的不属于此项，则应当判断其作用的主次；若致损最直接、作用最大的原因在保险责任之内构成近因，则保险人应当承担保险责任，反之，保险人不必承担保险责任。

1.4 补偿原则

补偿原则（Principle of Indemnity）又称损失补偿原则，指当保险事故发生时，保险人给予被保险人的经济赔偿恰好弥补被保险人遭受保险事故的经济损失，被保险人不能通过保险赔偿得到额外利益。具体应注意以下三点要求：

（1）赔偿金额既不能超过保险金额，也不能超过实际损失。

（2）被保险人必须对保险标的具有可保利益。

（3）被保险人不能通过保险赔偿而得到额外利益。

补偿原则的衍生是代位追偿原则和分摊原则。所谓代位追偿原则（Principle of Subrogation）是指当保险标的发生了保险责任范围内由第三方责任造成的损失时，保险人向被保险人履行损失赔偿责任后，有权取得被保险人在该项损失中向第三责任方索赔的权利，保险人取得该项权利后，即可站在被保险人的位置上向责任方进行追偿。这样可以避免被保险人就同一损失内容分别向责任方和保险公司进行追偿，从而得到双份赔偿的可能。

分摊原则又称重复保险分摊原则（Principle of Contribution of Double Insurance），是指在重复保险的情况下，被保险人所能得到的赔偿金由各保险人根据适当的方法进行分摊，从而使被保险人所得到的总赔偿金不超过实际损失额或最大保险金额。这一原则同样也是避免了被保险人就同一损失内容从多个保险人那得到超出保险标的实际损失的额外利益。

2 国际海上货物运输保险

海上货物运输保障风险是指海上偶然发生的自然灾害和意外事故，并不包括海上经常和必然发生的事件。

2.1 国际海上货物运输承保风险

2.1.1 海上风险

按发生的性质，海上风险可分为自然灾害和意外事故两大类。自然灾害是指不以人的意志为转移的自然界的力量所引起的灾害，它是客观存在的、不可抗拒的灾害事故，是保险人承保的主要风险。但在海上货物运输保险的灾害事故中，保险人承保的自然灾害并不是泛指一切由自然力量所引起的灾害事故。

我国的保险条款规定，保险人承保的自然灾害仅指恶劣气候、雷电、海啸、地震、洪水等人力不可抗拒的灾害。伦敦保险协会条款规定，在保险人承保的风险中，属于自然灾害的风险有雷电、地震、火山喷发、浪击落海及海水湖水等进入船舶、船舱、运输工具、集装箱、大型海运箱或储存场所造成货物受损等。

意外事故是指意外原因造成的事故，如船舶搁浅、触礁、沉没、互撞、失踪、与流冰或其他物体碰撞、失火、爆炸、海盗等，但都必须与船舶作业期相关。

2.1.2　外来风险

外来风险（Extraneous Risks）是指由于自然灾害和意外事故以外的其他外来原因造成的风险。外来风险必须是意外的、事先难以预料的风险，而不是必然发生的外来因素，可分为一般外来风险和特殊外来风险两种。

一般外来风险是指一般外来原因所造成的风险，主要包括偷窃、渗漏、短量、碰损、钩损、生锈、雨淋、受热、受潮等。

特殊外来风险是指由于军事、政治、国家政策法令和行政措施等以及其他特殊外来原因所造成的风险，如战争、罢工、交货不到、拒收等。战争风险是指由于战争行为、敌对行为及由此引起的捕获、拘留、扣留、禁止和各种战争武器引起的货物损失。罢工风险是指由于罢工者、被迫停工工人或参加工潮、暴动、民众斗争的人员的行为所造成的货物损失。拒收风险是指由于在进口国的政府或有关当局拒绝进口或没收所带来的风险。

2.2　国际海上货物运输承保损失

保险人承保的损失根据承保风险不同分为海上损失和其他损失。海上损失又称海损（Average），一般是指海运保险货物在海洋运输中海上风险所造成的损失加灭失，按损失的程度不同，又分为全部损失和部分损失；其他损失主要是指外来风险造成的货物损失和灭失。

2.2.1　全部损失

全部损失（Total Loss）简称全损，指保险标的在海上遭遇到规定承保范围内的风险而导致货物全部损失。按照损失的性质不同，全部损失可分为实际全损和推定全损。

实际全损（Actual Total Loss）是指保险标的在运输途中全部灭失或等同于全部灭失，或货物实际上已不可能归还被保险人的损失。构成实际全损的情况主要有以下四种：

（1）保险标的的完全灭失，如船舶触礁，船货全部沉入深海；或船上着火，货物全部被烧焦。

（2）保险标的丧失已无法挽回，虽然保险标的仍然存在甚至可能完好，但是被保险人失去了对它的有效占有，如载货船舶被海盗劫走。

（3）保险标的已丧失商业价值或失去原有用途，如水泥遭到海水浸泡。

（4）载货船舶失踪达到一定合理期限（一般为 6 个月）仍没有下落的，则视船上所载货物为实际全损。

推定全损（Constructive Total Loss）又称商业全损，是指保险标的虽然尚未达到全部灭失，但是完全灭失将是不可避免的，或者为避免实际全损，抢救、修复、继续运送货物到原定目的地所耗费用将超过其实际价值。一旦发生了推定全损，被保险人要办理委付，即被保险人在获悉受损情况后，以书面或口头方式向保险人发出委付通知（Notice of Abandonment），声明愿意将保险标的的一切权益，包括财产权及一切由此产生的权利与义务转让给保险人，而要求保险人按全损给予赔偿的一种行为。如果被保险人决定索赔推定全损，则应在合理的时间内及时发出委付通知，明确委付或放弃的意图。

【案例分析】

我国出口一批稻谷，因保险事故被海水浸泡多时而丧失其原有价值，货到目的港后只能低价出售，这种损失属于哪种类型？

有一批出口服装，在海上运输途中，因船体触礁，服装严重受浸，若将这批服装漂洗后运至原定目的港，所花费的费用已超过服装的保险价值，这种损失属于哪种类型？

2.2.2 部分损失

部分损失（Partial Loss）是指保险标的所遭受损失没有达到全部损失程度的一种损失，一般来说，不构成全部损失的情况均可视为部分损失。按其性质，部分损失可分为共同海损和单独海损。

共同海损（General Average）是指在同一海上航程中，当船、货及其他利益方处于共同危险时，为了共同的利益，由船方有意识地、合理地采取措施所引起的特殊牺牲和额外费用。由于牺牲和费用等损失都是为了船货的共同安全而做出的，因此完全由做出牺牲的货主来承担显然是不公平的，所以应由得到保全利益的各受益方，即对应的船货所有者按其受益的财产价值比例进行分摊。

单独海损（Particular Average）是指除共同海损以外的，承保范围内的风险所直接导致的船舶或货物的部分损失，由各自利益方承担。共同海损和单独海损的具体区别和联系如表 7-1 所示。

表 7-1　共同海损和单独海损的具体区别和联系

类别		共同海损	单独海损
联系		从性质上看，二者都属于部分损失；共同海损往往由单独海损引起	
区别	造成原因	为解除或减轻风险，人为地、有意识地采取合理措施造成的损失	由所承保的风险直接导致的船、货的损失
	损失承担者	受益各方根据获救利益的大小按比例分摊	受损者自己承担
	损失内容	包括损失及由此产生的费用	仅指损失本身
	损失构成	既包括货物牺牲，又包括因采取共同海损措施而引起的费用	一般是指货物本身的损失，不包括费用损失
	涉及利益方	船货各方的共同利益所受的损失	只涉及损失方个人的利益

【案例分析】

　　某货轮从天津新港驶往新加坡，航行途中货舱起火，大火蔓延到机舱，船长为船货的共同安全，决定采取紧急措施，往舱中灌水灭火。火虽被扑灭，但由于主机受损无法继续航行，于是船长决定雇用拖轮拖回新港修理，检修后重新驶往新加坡。

　　事后调查，这次事故造成的损失为：1 000 箱货物被火烧毁；600 箱货物由于灌水灭火而受损；主机和部分甲板被烧坏；拖轮费用和额外增加的燃料费用及船长、船员工资。

　　问：以上损失分别属于什么性质的损失？

2.3　国际海上货物运输承保费用

　　保险人承保的费用主要包括两个方面：一是对承保风险所造成的货物自身损失给予赔偿；二是对为了避免损失扩大而产生的费用给予赔偿，如施救费用和救助费用。

2.3.1　施救费用

　　施救费用（Sue and Labor Expenses）是指保险标的在遭受保险责任范围内的灾害事故时，被保险人（或其代理人、雇用人员、受让人）为避免或减少损失，采取各种抢救与防护措施所支付的合理费用。保险人对施救费用赔偿的条件要求有以下几项：

　　（1）施救费用必须是合理的和必要的。

　　（2）施救费用必须是为防止或减少承保风险造成的损失所采取的措施而支出的费用。

　　（3）施救费用是由被保险人及其代理人、雇用方采取措施而支出的费用。

　　（4）施救费用的赔偿与措施是否成功无关。

2.3.2　救助费用

救助费用（Salvage Charge）指船舶或货物遭遇海上危险事故时，对于自愿救助的第三者采取的使船舶或货物有效地避免或减少损失的救助行为所支付的酬金。救助费用的赔偿条件主要有以下几项：

（1）救助必须是第三人的行为；

（2）救助必须是自愿的；

（3）救助必须是有实际效果的。

施救费用和救助费用的区别具体如表 7-2 所示。

表 7-2　施救费用和救助费用的区别

类别	施救费用	救助费用
采购行动主体	被保人自己（或其雇员、代理人或受让人）	被保人和保险人外的第三者
保险人赔偿前提	不管施救行为是否取得成效	救助行为应取得成效
保险人赔偿限度	除对保险标的本身损失赔偿的金额外，再给予额外赔偿	赔偿与被保险货物本身损失的赔偿合在一起
是否是共同海损费用	因被保险人为减少自己的货物损失采取施救措施而产生的，与共同海损没有联系	大多数情况下是由作为救助人的其他过往船舶为船货获得共同安全而前来救助并取得成效产生的，因此，救助费用大多可列入共同海损费用项目

2.4　国际海上货物保险险种

为满足投保人对保险类别的不同要求，各国保险组织或保险公司将其承保的风险按范围和目的等不同而划分为不同的险别，并以具体的条款形式分别予以明确说明。

2.4.1　我国海洋货物运输保险险种

我国海洋货物运输保险主要采用修订于 1981 年 1 月 1 日的中国人民保险公司的"中国保险条款"中的《海洋运输货物保险条款》，主要分为基本险和附加险。其中，基本险分为平安险、水渍险和一切险，附加险分为一般附加险和特殊附加险。基本险可以单独投保，但附加险不能单独投保，只有在投保某一种基本险的基础上才能加保附加险。

（1）平安险。

其原意是指单独海损不负责赔偿（Free from Particular Average，F.P.A.），保险人只负责货物全部损失和特定意外事故部分损失的赔偿责任的保险，为海上货物运输保险中责任范围最小的一种。

平安险的责任范围包括以下几项：海上自然灾害和意外事故造成整批货物的全部损失或推定全损；因运输工具遭受搁浅、触礁、互撞、沉没、与流冰或其他物体碰撞，以及失火、爆炸而造成的货物全部或部分损失，此类情况下，货物在此前后又在海上遭受恶劣气候、雷电、海啸等自然灾害所造成的部分损失；装卸、转运时一件或数件整件货物落海造成的损失；避难港的卸货损失与在避难港、中途港支付的特别费用；共同海损的牺牲、分摊和救助费用；遭受保险责任内危险时，被保险人合理的施救费用；合同订有船舶互撞责任条款时，应由货方偿还船方的损失。

（2）水渍险。

水渍险又称"单独海损险"，英文原意是指单独海损负责赔偿（With Particular Average，W.P.A.），水渍险的责任范围除了包括上列"平安险"的各项责任外，还要负责被保险货物因恶劣气候、雷电、海啸、地震、洪水等自然灾害所造成的部分损失。水渍险通常适用于不易损坏或易生锈但不影响使用的货物，如五金板、钢管、线材、旧机床、旧汽车等。

（3）一切险。

一切险（All Risks，A.R.）的责任范围，除包括"平安险"和"水渍险"的各项责任外，还负责被保险货物在运输途中外来原因所造成的全部或部分损失。通常是在所发运货物容易发生碰损、破碎、锈损、受潮、受热、雨淋、发霉、渗漏、短量、串味、沾污以及混杂污染等情况下投保一切险。因此，货物因战争、罢工、进口关税、交货不到等原因所致的损失，不在一切险的责任范围以内。货物本身特性所造成的损失、物价跌落的损失等也不属于一切险的承保范围。

（4）附加险。

附加险是对基本险的补充和扩展。一般附加险包括偷窃、提货不着险；淡水雨淋险；短量险；混杂、沾污险；渗漏险；碰损、破碎险；串味险；钩损险；受潮、受热险；包装破损险；锈损险。特别附加险包括：交货不到险；进口关税险；舱面险；拒收险；黄曲霉素险；出口货物到香港（包括九龙在内）或澳门地区存仓火险责任扩展条款。

（5）特殊附加险。

包括海运货物战争险（War Risk）和罢工险（Strikes Risk）。已投保战争险又加保罢工险时，一般不另行收费。

战争险是指保险标的因海上发生战争、类似战争行为、敌对行为、武装冲突、海盗行为，以及由此引起的捕获、拘留、禁止、扣押，包括常规武器、水雷、鱼雷和炸弹所致损失，以及由此发生的共同海损牺牲、分摊和救助费用的一种保险。战争险仅限于水面危险。

罢工险承保因罢工者、被迫停工工人、参加工潮、暴动和民众斗争的人员，采取行动造成保险标的直接损失，对于任何人的恶意行为造成的损失也予负责，由以上这些行动和行为所引起的共同海损的牺牲、分摊和救助费用也由保险公司赔偿。但对于间接损失是不负责任的，如罢工引起劳动力不足，致使堆放在码头上的货物因未能及时运入仓库或无法采取罩盖防雨布措施而遭淋湿受损，或者没有劳动力对冷冻机添加燃料致使动力中断冷冻机停机，而使冷冻货物遭受到化冻变质的损失等不负责赔偿。

2.4.2　伦敦保险协会海运货物保险条款

在国际保险市场上，大部分国家的国际海运保险还是会遵循并直接使用英国伦敦保险协会制定的"协会货物条款"（Institute Cargo Clause，ICC）中的各项保险条款。协会货物条款的种类如表 7-3 所示。

表 7-3　协会货物条款的种类

险别	险种
基本险	协会货物条款（A）：Institute Cargo Clause（A），ICC（A）
	协会货物条款（B）：Institute Cargo Clause（B），ICC（B）
	协会货物条款（C）：Institute Cargo Clause（C），ICC（C）
附加险	协会战争险条款（货物）：Institute War Clause-Cargo
	协会罢工险条款（货物）：Institute Strikes Clause-Cargo
	恶意损害险条款：Malicious Damage Clause

其中，除恶意损害险外，其余险别都可以单独投保。另外，A 险包括恶意损害险，但在投保 B 险或 C 险时，应另行投保恶意损害险。

（1）ICC（A）险。

类似于我国的一切险，采用"一切风险减除外责任"法，即除"除外责任"项下所列的风险保险人不予负责外，其他风险均予负责。

除外责任包括一般除外责任，不适航、不适货除外责任，战争除外责任和罢工除外责任四种。一般除外责任包括以下内容：归因于被保险人故意的不法行为造成的损失或费用；自然损耗、自然渗漏、自然磨损、包装不足或不当所造成的损失或费用；直接由延迟所引起的损失、损害或费用；船舶所有人经理人、承租人或经营人破产或不履行债务所造成的损失或费用；使用原子弹或其他核武器所造成的损失或费用。

不适航、不适货除外责任是指被保险人在保险标的装船时已知船舶不适航或船舶、装运工具、集装箱等不适货，保险人不负责赔偿责任。

战争除外责任主要是指战争、内战、敌对行为等造成的损失或费用；捕获、拘留、扣留等（海盗除外）所造成的损失或费用；被遗弃的水雷、鱼雷、炸弹等造成的损失或费用。

罢工除外责任是指由罢工者、被迫停工工人造成的损失或费用；罢工、被迫停工所造成的损失或费用；任何恐怖分子或任何由于政治动机采取行动的人员造成的损失或费用。

（2）ICC（B）险。

类似于我国的水渍险，采用承保"除外责任"之外列明风险的方法。承保风险包括火灾或爆炸；船舶或驳船搁浅、触礁、沉没或颠覆；陆上运输工具的倾覆或出轨；船舶、驳船或运输工具同除水以外的任何外界物体碰撞；在避难港卸货；地震、火山爆发或雷电；共同海损牺牲；海水、湖水或河水进入船舶、驳船、运输工具、集装箱、吊装车厢或货物储存处所；货物在装卸时落水或坠落造成整件货物的全损。

除外责任是在ICC（A）险除外责任基础上加上"海盗行为"和"恶意损害险"，即在ICC（A）险中，恶意损害的风险被列为承保风险，而在ICC（B）险中，保险人对此项风险不负赔偿责任，被保险人若想获得此种风险的保险保障，就需加保"恶意损害险"。在ICC（A）险中，海盗行为属于赔偿范围，而在ICC（B）险中，保险人对此项风险不负赔偿责任。

（3）ICC（C）险。

类似于我国的平安险，仅承保"重大意外事故"的风险，不承保自然灾害及非重大意外事故的风险。

承保范围包括：火灾或爆炸；船舶或驳船触礁、搁浅、沉没或倾覆；陆上运输工具倾覆或出轨；船舶、驳船或运输工具同除水以外的任何外界物体碰撞；在避难港卸货；共同海损牺牲；抛货。除外责任与ICC（B）险完全相同。

至于恶意损坏险是新增加的附加险别，它所承保的是被保险人以外的其他人（如船长、船员等）的故意破坏行为所致被保险货物的灭失和损害，属于ICC（A）险的责任范围，但在ICC（B）、ICC（C）险中，则被列为"除外责任"。

2.5　国际海上货物保险期限

保险期限又称保险期间或责任起讫，就是保险人承担保险责任的起止期限。伦敦协会新条款保险期限，规定被保险货物在最后卸载港全部卸离海轮后满60天为止。由于海运货物保险航程的特殊性，保险期限一般没有具体的起讫日期。我国海运货物基本险保险期限按国际惯例，采取"仓至仓条款"，包括海上、陆上、内河和驳船运输的整个运输过程，指保险人的承保责任从被保险货物运离保险单所载明的起运地仓库或储存处所开始，直至该项货物被运抵保险单所载明的目的地收货人仓库为止。

保险期间自货物从保险单载明的起运港（地）发货人的仓库或储存处所开始运输时生效，到货物运达保险单载明目的港（地）收货人的最后仓库或被保险人用作分配、分派或非正常运输的其他储存处所为止。如未抵达上述仓库或储存处所，则以被保险货物在最后目的港（地）卸离海轮后满60日为止，在货物未经运抵收货人仓库或储存处所并在卸离海轮后60天内，需转运到非保险单所载明的目的地时，以该项货物开始转运时终止。

在FOB、CFR条件下，卖方在货物发生意外时，对该保险标的享有可保利益，但不是保险单的被保险人（买方）或合法受让人，因而与保险公司之间不存在合法有效的合同关系，因此卖方没有索赔权。买方虽是保险单的被保险人或持有人，与保险公司存在合法有效的合同关系，但当时对该单还未取得所有权，故对货物装船前发生的风险损失不负任何责任。因此，对装船前的标的不具有可保利益，所以同样不具备索赔条件。CIF 条件下，由卖方投保，与保险公司间存在合法有效的合同关系；而且，装船前的风险由卖方承担，具有可保利益，所以保险公司给予赔偿。

FOB、CFR 条件下，其保险责任起讫实际上是"船"至"仓"，因此虽由买方投保，但依风险划分界限，买方一般不会办理货物装船前的保险。

3　国际陆空货物运输保险

陆运、空运、邮运货物保险是在海运货物保险的基础上发展起来的，除外责任也基本类似。但是，由于陆运、空运与邮运货物同海运货物可能遭到的风险不尽相同，所以其险种及承保责任范围也有所不同。

3.1　国际陆上货物运输保险

陆上货物运输保险是以火车和汽车运输过程中的各种货物为保险标的实施的货物运输险。中国人民保险公司 2009 年修订的《陆上运输货物保险条款》规定，其基本险别有陆运险和陆运一切险。被保险货物在投保陆运险或陆运一切险的基础上，还可加保一种或若干种附加险，如陆运战争险等。

3.1.1　基本险别

陆运险（Overland Transportation Risks）与海运保险中的"水渍险"相似。保险公司负责赔偿被保险货物在陆路运输途中发生的下列损失或费用：遭受暴风、雷电、洪水、地震自然灾害，或陆上运输工具（如火车、汽车等）遭受碰撞、倾覆、出轨，或在驳运过程中驳船遭受搁浅、触礁、沉没、碰撞，或遭受隧道坍塌、崖崩或失火、爆炸等意外事故所造成的全部或部分损失；被保险人对遭受承保风险的货物采取抢救，在不超过该批被救助货物保险金额的条件下，防止或减少货损而支付的合理费用。

陆运一切险（Overland Transportation All Risks）与海运保险中的"一切险"相似。除包括上述陆运险责任外，保险公司还负责赔偿被保险货物在陆路运输途中一般外来原因造成的短少、短量、偷窃、渗漏、碰损、破碎、钩损、雨淋、生锈、受潮、受热、发霉、串味等全部或部分损失。

3.1.2　保险期限

陆运基本险也采用"仓至仓"条款。保险人负责自被保险货物运离保险单所载明的起运地仓库或储存处所开始运输时生效，包括正常运输过程中的陆上和与其有关的水上驳运在内，直至该项货物运达保险单所载目的地收货人的最后仓库或储存处所或被保险

人用作分配、分派的其他储存处所为止。如未运抵上述仓库或储存处所，则以被保险货物运抵最后卸载的车站满 60 天为止。

3.1.3　陆运战争险

陆运战争险目前仅限于铁路运输，其负责范围与海运战争险基本上是一致的，即直接由于战争、类似战争行为和敌对行为、武装冲突所致的损失和各种常规武器包括地雷、炸弹所致的损失。陆运战争险属于附加险，不能单独投保，不采用"仓至仓"条款，而是以货物置于运输工具上为限，这与海运战争险类似。

3.2　国际航空货物运输保险

航空货物运输保险指以航空运输过程中的各类货物为保险标的而实施的货物运输险。航空货物运输保险是以飞机为运输工具的货物运输保险。根据中国人民保险公司 2009 年修订的《航空运输货物保险条款》的规定，其基本险别有航空运输险和航空运输一切险。此外，在投保航空运输险和航空运输一切险的基础上，还可以加保航空运输货物战争险（Air Transportation Cargo War Risks）等附加险。

3.2.1　基本险别

航空运输险（Air Transportation Risks）与海运保险中的"水渍险"大致相同。保险公司负责赔偿被保险货物在运输途中发生的下列损失或费用：被保险货物在运输途中遭受雷电、火灾或爆炸或飞机遭受恶劣气候或其他危难事故而被抛弃，或飞机遭受碰撞、倾覆坠落或失踪意外事故所造成的全部或部分损失；被保险人对遭受承保风险的货物采取抢救、防止或减少货损的措施而支付的合理费用，但以不超过该批被救货物的保险金额为限。

航空运输一切险（Air Transportation All Risks）与海运保险中的"一切险"相似，其承保责任范围除包括上述航空运输险的全部责任外，还对被保险货物在运输途中一般外来原因造成的全部或部分损失负赔偿责任。

3.2.2　保险期限

空运基本险也采用"仓至仓"条款，即自被保险货物运离保险单所载明的起运地仓库或储存处所开始运输时生效，在正常运输过程中继续有效，直至该项货物运达保险单所载目的地收货人的最后仓库或储存处所，或被保险人用作分配、分派或非正常运输的其他储存处所为止。如未运抵上述仓库或储存处所，则以被保险货物在最后卸载地卸离飞机后满 30 天为止。如在上述 30 天内被保险的货物需转送到非保险单所载明的目的地，则以货物开始转运时终止。

航空运输货物战争险的保险期限，是自货物装上飞机时开始到卸离飞机为止。

4　国际邮政包裹运输保险

邮政包裹保险的承保对象是通过邮包邮寄的货物，海运、陆运或空运运输的各类邮件包裹都包括在内。包裹运输保险主要承保通过邮局邮包方式递运的货物在邮递过程中遭到自然灾害、意外事故或外来原因造成的损失。根据中国人民保险公司 2009 年修订的《邮包险条款》的规定，邮包保险基本险分为邮包险和邮包一切险两种基本险别。

4.1　基本险别

4.1.1　邮包险

邮包险（Parcel Post Risks）的承保责任范围包括：被保险邮包在运输途中，恶劣气候、雷电、海啸、地震、洪水自然灾害或，运输工具遭受搁浅、触礁、沉没、碰撞、倾覆、出轨、坠落、失踪，或失火、爆炸意外事故所造成的全部或部分损失；被保险人对遭受承保风险的货物采取抢救，防止或减少货损的措施而支付的合理费用，但以不超过该批被救货物的保险金额为限。

4.1.2　邮包一切险

邮包一切险（Parcel Post All Risks）的责任范围，除包括上述邮包险的全部责任外，还对被保险货物在运输途中一切外来原因造成的全部或部分损失负赔偿责任。

4.2　保险期限

自被保险邮包离开保险单所载起运地点寄件人的处所运往邮局时开始生效，直至被保险邮包运达保险单所载明的目的地邮局，自邮局签发"到货通知书"当日午夜起算满 15 天为止。但在此期限内邮包一经递交至收件人的处所，保险责任即行终止。邮包战争险的保险责任是自被保险邮包经邮政机构收讫后自储存处所开始运送时生效，直至该项邮包运达本保险单所载目的地邮局送交收件人为止。

任务 3　国际货运代理风险防范

1　国际货运代理风险概述

国际货运代理在业务经营过程中会面临很多风险，如政策风险、汇率风险、未尽代理职责的风险、超越代理权限的风险、提单风险、结算风险和法律风险等。总体来说可分为两大类，即系统风险和非系统风险。前者也称为市场风险，是无法规避的，而后者又称为企业特有风险，是可以识别、评估和应对的。

1.1　系统风险

系统风险主要包括政策风险和汇率风险两种。

政策风险是指由于政府有关的国际货运政策发生重大变化，或有重要法规出台而引起市场波动，给国际货运带来风险。在遵循国际货运发展规律的前提下，政府充分考虑行业在国家经济中的地位、与社会经济其他部门的联系、整体经济发展水平及政治形势等多方因素后制定长期稳定的政策。在某些特殊情况下，政府会改变发展本行业的战略部署，出台一些扶持或抑制市场发展的政策，通过新法规或交易规则来改变市场原先运行轨迹。

汇率风险是指在签订合同到最终交易完成期间，计价货币汇率产生波动，导致其价值与交易初期不一致，对于国际贸易中的任何一方在结算时会存在不利影响的风险。

1.2　非系统风险

非系统风险主要包括未尽代理职责的风险、超越代理权限的风险、提单风险、结算风险和法律风险。

未尽代理职责的风险是指国际货运代理疏于管理，未能尽到合理的义务；自身的过错而给托运人造成损失，实际上也是给自己造成了损失。未尽代理职责主要有以下几种情况：选择承运人不当；选择集装箱不当；未能及时搜集、掌握相关信息并采取有效措施；对特殊货物未尽特殊义务；遗失单据；单据缮制错误等。

超越代理权限的风险是指国际货运代理在作为代理人时，其行为应当在托运人委托范围内，如果超越了委托范围擅自行事，则由货运代理人自行承担责任。在业务实践中，国际货运代理容易出现的越权行为有以下几种：签发各类保函；承诺支付运费；同意货装甲板；更改装运日期；将提单直接转给收货人等。这些行为有的可能托运人一无所知，有的可能事先得到托运人的默许或口头同意，但一旦出现问题，托运人便会矢口否认。

提单风险是指因为提单日期签署不当、提单填写不当、提单转让、伪造提单等引起的风险，具体可表现如下三个方面：提单签发时，有倒签和预借提单的风险；提单流转时，银行存在难以收款的风险；提单提货时，有提货落空，无单放货的风险。

结算风险是指因为国际货运结算涉及多国的实务和法律问题，所以致使国际贸易结算更为复杂，一般一笔款项的支付至少涉及两个国家，涉及两种不同的法律制度，一旦双方当事人的权利和义务未划分明确，就会产生结算纠纷。

法律风险是指国际货运代理的业务拓宽之后和相对的法律法规不同步，致使国际货运代理在经营中涉及纠纷时没有准确的法律规定可依，对于法律的不同理解增加了相应的风险。

【案例分析】

某纱布公司委托 A 货代公司出运一票货物，客户的托书上写着订 COSCO 船，直发船公司单，在是否可以分批、转船上都写了"否"，而且要订直达船。但当时 COSCO 直达船拖班，经纱布公司口头同意，A 货代公司改订 COSCO 船从青岛到上海，在上海中转到达欧洲。

船期很快，但由于青岛海关将 COSCO 头程船上的 40 个柜子做进了一个关封，40 个柜子要在上海同时转关，但上海二程船舱位不足不能同时中转，所以该票货在上海滞留了两周，比预计时间晚到了十几天。收货人以过了销售旺季为由扣了纱布公司 30% 货款，纱布公司以此为由拒付欠货代公司的 10 余万元运费。

问：纱布公司的做法是否合理？

2　国际货运代理风险防范

2.1　预防性措施

对于国际货运代理从业人员，要加强培训，确保规范使用单证的要求，如可以，要求在往来文件中尽量加盖公司公章。对于个人业务行为，要求其公司提供委托授权书，明确其行为是公司授权的职务行为。另外，还可通过投保货运代理责任险来转移经营风险。

根据国际货运代理协会联合会和各国的国际贸易法律法规，建立健全内部规章，制定标准业务流程，对可能出现因疏忽造成风险的业务环节进行科学、全面的分析，使业务环节程序化、制度化，并不断完善。同时要加强检查力度，使疏忽大意产生的概率降到最低。明确托运人的权利和责任，分清货运代理人与托运人权利和责任的界限。

雇用分包人，即船舶所有人、仓库保管人、公路运输经营人等应是胜任职务和可靠的，国际货代应告知其需投保足够或全部的责任保险。

对于欺诈行为的风险，可通过对托运人实施资信等级考察制度，对不同等级的托运人采用不同的对待策略，在提高服务质量的同时提高警惕性。

对于随意出具保函和垫付运费的风险，可通过加强制度管理，在出具保函前进行严格审核，慎重出具，对不应该或不必要以及损害其利益的保函应当予以拒绝；通过不予垫付运费或者在与托运人的代理合同中明确垫付运费的授权和资金保证规避风险。

对于法律适用问题，可以加强对相关国家法律的研究和了解，明确自己的权利和责任，慎重选择合作伙伴，同时加强与托运人的沟通。

2.2　挽救性措施

及时向保险人通知对国际货运代理的索赔或可能产生索赔的任何事故，通知客户及时向货物保险人索赔。若征得保险人同意的，只要可能，与货主通过友好的谈判进行索赔。另外，要及时、适当地通知有关空运、海运、驳运、陆运承运人，包括其他货运代理、货物拼装人、报关人及事故或事件有关的保险人，并及时提供法律上所要求的事故通知书。

另外，要立即将双方要求的书面材料副本抄送保险人，及时将索赔人提出的口头要

求和双方口头联系的记录提供给保险人。

必须与保险人及其法律代表协商、调查或在诉讼中充分合作。遇到货物灭失或损坏时，与保险人联系检验事宜，向保险人提供有关单证和材料，收集支持案件的证据。没有保险人的允许，既不承担责任也不处理索赔，也不得在没有保险人特别的书面同意下予以诉讼时效延期。

【思维导图】

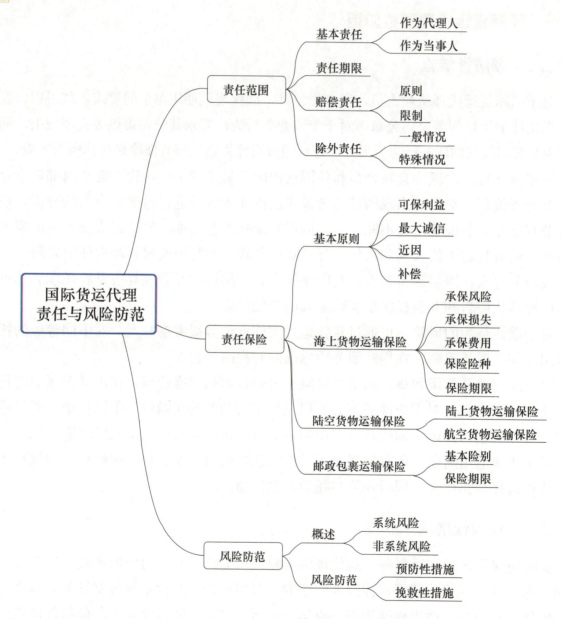

【实践任务】

结合当前国际货运代理公司的经营现状，分析其主要面临的风险并写出应对措施。

项目 8
国际货运代理法律法规

【项目要求】

○ 掌握国际货代常用的各种法律法规。
○ 了解国际货代企业的法律地位。
○ 熟悉我国货代的相关法律法规。

【术语储备】

◇ 国际货运代理协会联合会 International Federation of Freight Forwarders Associations，FIATA
◇ 中国国际货运代理协会 China International Freight Forwarders Association，CIFA
◇ 远洋运输中介人 Ocean Transportation Intermediary，OTI

【案例导入】

混乱的业务关系

A 是广州的一家货代公司，B 是深圳一家进口公司，C 是一家工业供销公司。C 持 B 致 A 的信件，向 A 办理 8 吨化工原料进口代理业务，并随函附有按 CIF 条件的进口合同副本一份，在该合同的副本上由 B 的业务员手写注明收货人名称、地址、电话、联系人及用卡车运至某地某库字样。事隔 3 个月后，货从国外运抵广州，于是 A 向 C 发出"进口到货通知书"，在通知书的注意事项内注明货运内地加批加保由货代统一办理。

A 在办好进口报关、纳税等事项后，以自己的名义委托广州市一家具有合法经营权的车队（以下称承运人）将货物运往合同副本上指定的某地某库。不料货在运输途中驾驶员违章操作，导致与另一卡车相撞后造成车货俱毁。事后，C 以 A 转交他人运输，又未履行加保为由，向 A 提赔。A 以造成货损是承运人的责任而拒赔。双方经多次协商未果，最后 C 向法院起诉。

原告 C 称：我公司委托 A 办理货物到港后的一切手续，并将货物运至某地某库。

双方既已确定委托运输关系，即受法律保护。但被告方擅自转交第三者运输又未履行加保手续，结果导致货物灭失，理应负赔偿责任。

被告 A 称：该业务系根据 B 的信件而受理的，我们只与 B 建立了法律关系，原告只是这笔业务的收货人，我们之间没有法律关系，货物灭失的责任在承运人。原告在向 B 购买货物时，理应知道国内段的运输风险已转至自身，原告自己没有转移风险，又未委托他人代办转移，理应自行承担风险。"进口到货通知书"中规定：凡集装箱进口货物在港口拆箱转运内地的货物统一由我司代办加批加保手续，但该条不适用于本案。因广州人保的"特别条款"的加批加保不包括 CIF 条款，CIF 条款系在国外投保。

最终法院判决 A 理应负责赔偿。

问：A 和 C 分别应该吸取什么教训？

任务 1　国际常用货运代理法律法规

国际货代的法律关系主要是通过现有的各种法律法规、国际公约、各国交易的标准条件及相关合同条款体现。因此，国际货运代理公司要先弄清楚各自的法律关系和地位，才能更好地维护自己的合法权益。

1　国际货运代理法律法规现状

1.1　国际货代立法现状

国际货运代理行业设有各类国际性的行业组织，如国际货运代理协会联合会（International Federation of Freight Forwarders Associations，FIATA）、国际航空运输协会（International Air Transport Association，IATA）等，我国也成立有中国国际货运代理协会（China International Freight Forwarders Association，CIFA）。

目前，国际上尚未有具有足够影响力和强制力的国际货运代理组织或法律法规来约束各国的国际货运代理业务行为，但也有如国际货运代理协会联合会此类已初具规模的组织，通过制定《国际货运服务示范规则》，对参与的各国（地区）的国际货运代理服务进行统一规定，并逐步扩大其影响范围。

此外，美国的《1998 年远洋航运改革法》、大陆法系的商法典，《联合国国际货物多式联运公约》《联合国国际贸易运输港站经营人赔偿责任公约》《海牙—维斯比规则》《国际铁路货物联运协定》《国际公路货物运输合同公约》等法律法规都在一定范围内调整着货运代理人的法律关系。

1.2　国际货运代理协会《国际货运服务示范规则》

国际货运代理协会联合会作为一个非营利性的国际货运代理行业组织，其建立的初衷主要是保障全球国际货运代理行业和从业人员的利益，并促进国际贸易的良性发展。国际货运代理协会联合会于 1926 年在奥地利维也纳成立，先后制定了 8 种货运代理单证格式，并于 1996 年通过用以指导国际货运服务的标准交易条款《国际货运服务示范规则》（FIATA Model Rules for Freight Forwarding Services，以下简称《示范规则》）。

《示范规则》主要通过两个方面来表现其作用：一方面是成为合同条款；另一方面是指导各国国际货运服务经营者协会制定标准交易条款。《示范规则》不是公约，也不是示范法，只是一种标准交易条款，主要内容包括四个部分：一般规则、货运代理的责任、客户的责任与义务以及争议与强制性法律。

《示范规则》的一般规则主要是对适用范围及术语进行了定义。适用范围主要包括两方面：一是如果当事人将示范规则纳入合同，该规则就成为合同的一部分；二是被纳入合同但与合同原有条款冲突时，示范规则中相应条款的效力高于合同原有条款的效力。在术语定义中分别对国际货运服务、货运代理、承运人、客户、货物、特别提款权、强制性法律、书面形式、贵重物品、危险货物进行了规定。此外，规则中还规定，除另有约定外，针对货运代理的诉讼只能在其主要业务区域内进行，并应遵循适用当地的法律法规。

1.3　美国《1998 年远洋航运改革法》和大陆法系商法典

美国在 1998 年远洋航运改革法修订后的《1984 年航运法》（称为《1998 年远洋航运改革法》）中，引入了远洋运输中介人（Ocean Transportation Intermediary）这一新概念，并对远洋货运代理人（Ocean Freight Forwarder）和无船承运人做了严格定义和区分。远洋运输中介人包括远洋货运代理人和无船承运人，前者是指代表托运人通过公共承运人订舱或做出舱位安排并将货物从美国发运出去的人，以及为这些货载编制单证或从事有关活动的人；后者则指并不经营所提供的远洋运输船舶的人，与远洋运输承运人的关系是承托关系。但是，由于只有美国的相关立法承认了无船承运人的法律地位，因此就国际范围而言，并未形成关于二者的统一区分和认识。

大陆法系国家（如法国、德国、日本等）通过相关立法以明确国际货运代理人的法律地位及相应的权利义务，但在对货运代理人承担的运输责任类型，各国的规定仍然有所不同。在法国，货运代理人即被视为承运人，托运人可因实际运输产生的责任向承运人或货运代理人起诉。在德国商法典内规定："除非另有规定，货代有权亲自履行货物运输。如果他利用这一授权，就同时享有承运人的权利并履行承运人的义务，他可要求通常的货运代理费用，也可要求运费。但如果货代与发货人商定一笔确定的货物运输费用，则他只有承运人的权利和义务，而不能要求代理费，除非对此另有规定。"日本则称货运代理人为承揽运送人，在《日本商法》中规定："承揽运送人是指以自己名义，以代办物品运输为业的人。"并于 1990 年又颁布了专门的货代法，成为日本货代业管理的法律依据。

2　国际货运代理法律地位

货运代理的法律地位包括作为代理人和当事人的法律地位。法律地位的不同意味着其担当的法律责任也各有不同，因此在托运人和货运代理的委托合同条款中应该要明确货运代理的法律地位，具体划分可依据具体事实，包括合同、电话、来访信件、电子邮件、传真、费率和提单、运单及以往的业务情况。如果仍然没有明确指明其性质，则可通过以下几种方式来区分国际货运代理的法律地位。

2.1　获取收入方式

货运代理从托运人处获取的收入是佣金还是运费差额，是区分货运代理法律地位的重要依据之一。若货运代理获取的收入是佣金，则其法律地位就是代理人；反之，若获取的收入是运费差额，则其法律地位就是当事人。

2.2　签发提单方式

货运代理能签发自己的提单，则其法律地位为当事人；若不能签发提单，或不能签发自己的提单，则其法律地位为代理人。所谓不能签发自己的提单，即指承运人授权货运代理签发提单，也就是说尽管货运代理签发了提单，但该提单最终是归承运人所有，并不属于货运代理方。

2.3　运作经营方式

若货运代理接受托运人委托（包括接受多个托运人的货物并进行集装箱拼装、混装业务）并向其收取一定运费，然后以自己的名义与承运人签订运输合同并支付一定（较低）的运费，则视货运代理为承运人，属于当事人身份；若货运代理接受托运人委托，但以托运人的名义办理相关运输业务，一般被视为代理人。

【案例分析】

宁波利运货运公司将国内某工厂委托的一票货物委托宁波东亚货运公司在 2019 年 10 月 10 日装船由宁波运往埃及，宁波东亚货运公司办理了报关订舱的相关事宜，并在收取宁波利运货运公司海运费后开具运费发票，且出具了宁波东亚货运公司的提单。随后宁波东亚货运公司委托实际承运人承运货物，但货物到达时间明显迟延，致使国外买家向国内卖方索赔。

问：本案损失最终应由谁负责？

任务 2　我国国际货运代理法律法规

1　我国国际货运代理行业法律法规现状

我国目前对管理国际货运代理行业的相关法律和规章主要有《中华人民共和国对外贸易法》《中华人民共和国国际货物运输代理业管理规定》《中华人民共和国国际货物运输代理业管理规定实施细则》《国际货运代理企业备案（暂行）办法》《中国国际货运代理协会标准交易条件》等。开办国际货运代理企业或从事国际货物运输代理业务，不仅要遵守国际货运代理的法律法规，还要遵守有关海陆空运输和联合运输代理规定的相关法律法规。

我国国际货运代理行业实行的是以国务院商务主管部门为主，其他相关部门参与管理，政府主管部门实行行政管理与行业协会自律并重的管理体制。我国对国际货运代理企业的设立已由原先的审批制改为备案制，外商投资设立经营国际快递业务的国际货运代理企业由商务部负责审批和管理，其他业务由各省、自治区、直辖市等自行负责审批和管理。根据《中华人民共和国行政许可法》和有关规章规定，国务院和地方商务主管部门依法赋予了中国国际货运代理协会和各地方行业协会部分行业的管理职能。

2　中国国际货运代理协会标准交易条件概况

中国国际货运代理协会（CIFA）成立于 2000 年 9 月 6 日，是由中国境内的国际货运代理企业自愿组成，以民间形式代表中国货运代理业参与国际经贸运输事务并开展国际商务往来的全国性行业非营利性组织，接受商务部的业务指导和民政部的监督管理。同时，作为我国国际货运代理行业的格式合同范本的"中国国际货运代理协会标准交易条件"也顺势出台，使得我国的货运代理公司在今后的业务中采用合同约定的方式时，能够有范本可循，为货代业务行为逐步规范化打好了基础，并使货运代理与相关当事人之间的权利义务进一步明确，从而最大限度地保护货运代理自身合法权益。

该标准交易条件充分借鉴了国际货运代理协会联合会和各主要国家货运代理标准交易条件的精华，不同于一般法律法规，它是中国国际货运代理协会向会员推荐的"行规"，是使行业自律的重要手段之一，对货运代理业务的实践具有指导意义，对行业的规范有着深远的影响。

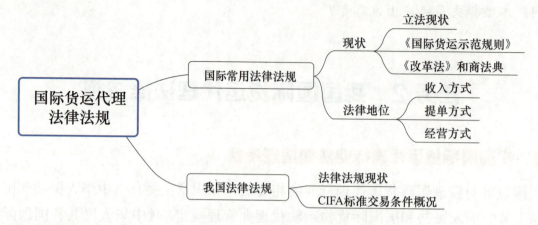

【思维导图】

国际货运代理法律法规
- 国际常用法律法规
  - 现状
    - 立法现状
    - 《国际货运示范规则》
    - 《改革法》和商法典
  - 法律地位
    - 收入方式
    - 提单方式
    - 经营方式
- 我国法律法规
  - 法律法规现状
  - CIFA标准交易条件概况

【实践任务】

分组进行调研，走访区域内货运代理企业，整合行业企业主要遵循的法律法规或行业标准，并总结其执行力度和阻碍。

附　录

铁路货物运价率表

类别	运价号	基价 1		基价 2	
		单位	标准	单位	标准
整车	1	元 / 吨	6.40	元 / 吨千米	0.037 0
	2	元 / 吨	7.00	元 / 吨千米	0.044 4
	3	元 / 吨	8.70	元 / 吨千米	0.049 8
	4	元 / 吨	10.80	元 / 吨千米	0.055 3
	5	元 / 吨	11.70	元 / 吨千米	0.063 0
	6	元 / 吨	17.10	元 / 吨千米	0.086 9
	7			元 / 轴千米	0.287 6
	—	—	—	—	—
	机械冷藏车	元 / 吨	12.90	元 / 吨千米	0.087 5
零担	21	元 / 10 千克	0.126	元 / 10 千克千米	0.000 62
	22	元 / 10 千克	0.176	元 / 10 千克千米	0.000 9
集装箱	1 t 箱	元 / 箱	10.8	元 / 箱千米	0.042 6
	—	—	—	—	—
	20 m 箱	元 / 箱	259	元 / 箱千米	1.208
	40 m 箱	元 / 箱	438.6	元 / 箱千米	1.890 4

运费计算办法：

整车货物每吨运价 = 基价 1 + 基价 2 × 运价千米

零担货物每 10 千克运价 = 基价 1 + 基价 2 × 运价千米

集装箱货物每箱运价 = 基价 1 + 基价 2 × 运价千米

参 考 文 献

［1］顾永才，高倩倩. 国际物流与货运代理［M］. 4 版. 北京：首都经济贸易大学出版社，2019.

［2］田振中，王红梅，周惠昨. 国际物流与货运代理［M］. 2 版. 北京：清华大学出版社，2019.

［3］苏兆河. 货运代理（世界技能大赛项目实训指导）［M］. 2 版. 北京：中国劳动社会保障出版社，2019.

［4］何银星. 货代高手教你做货代——优秀货代笔记［M］. 2 版. 北京：中国海关出版社，2014.